墨香财经学术文库

U0674522

Macroeconomic Risk in the Transition
Process of Economic Development Mode
Dalian's Practice

经济发展方式转变
过程中的宏观经济风险

大连的实践

苑小丰 ◎ 著

东北财经大学出版社
Dongbei University of Finance & Economics Press

大连

图书在版编目（CIP）数据

经济发展方式转变过程中的宏观经济风险：大连的实践 ／ 苑小丰著．—大连：东北财经大学出版社，2019.8

（墨香财经学术文库）

ISBN 978-7-5654-3564-5

Ⅰ．经… Ⅱ．苑… Ⅲ．城市经济-经济发展-发展方式-风险管理-研究-大连 Ⅳ．F299.273.13

中国版本图书馆CIP数据核字（2019）第114956号

东北财经大学出版社出版发行

　　大连市黑石礁尖山街217号　邮政编码　116025

　　网　　址：http：//www.dufep.cn

　　读者信箱：dufep @ dufe.edu.cn

大连图腾彩色印刷有限公司印刷

幅面尺寸：170mm×240mm　字数：117千字　印张：8.75　插页：1
2019年8月第1版　　　　　2019年8月第1次印刷
责任编辑：李　季　吉　扬　责任校对：吉光片羽
封面设计：冀贵收　　　　　版式设计：钟福建
定价：45.00元

前言

　　不同国家或地区的经济增长绩效存在极为显著的差异，在理论和实践中，人们通常将这种差异归结为经济发展方式的差异。本书在现有关于转变经济发展方式的相关理论研究基础上，结合产业经济、区域经济和风险理论的相关研究成果，积极构建一个以"方式转变-风险评估-风险控制"为框架的研究体系，并结合特定城市大连展开实际问题研究。根据大连市政府已经和即将实施的政策，本书分析了转变经济发展方式过程中的宏观经济风险。从大连经济中投入产出关系来看，转变经济发展方式对三次产业都有影响，但影响最大的是第二产业，特别是其中的电力、钢铁、石油加工和化工等行业；转变经济发展方式对各地区都有影响，但影响最大的是渤海组团地区以及各地区中高污染、高耗能、资源型企业密集的县区。不仅如此，作者还运用脉冲响应函数，定量分析了转变经济发展方式过程中行业之间的风险传导机制以及行业到整个宏观经济的风险传导机制。相关结论表明，在转变经济发展方式过程中，大连市政府应加强对宏观经济风险的控制，尤其要关注信息反馈滞后、作用对象模糊、政策的时间不一致等问题。根据这些问题，作者设计了宏观经济风险控制系统，提出了政府在转变经济发展方式过程中控制宏观经济风险的一系列政策建议。

苑小丰

2019 年 8 月

▌目录

1　导言／1

　　1.1　理论基础／1

　　1.2　政策启示／13

　　1.3　研究思路及结构安排／17

2　大连转变经济发展方式的情况概述／21

　　2.1　转变经济发展方式的背景／21

　　2.2　转变经济发展方式的现状／23

　　2.3　转变经济发展方式的意义／26

　　2.4　转变经济发展方式面临的风险／27

　　2.5　需要说明的问题／31

3　转变经济发展方式的差异性评价／34

　　3.1　产业发展效率的评价／34

3.2 区域发展方式的差异性评价／48

3.3 经济系统、社会系统与资源环境系统的耦合分析／52

4 转变经济发展方式过程中的风险识别／68

4.1 转变经济发展方式过程中的企业风险／69

4.2 转变经济发展方式给不同地区带来的风险／85

5 转变经济发展方式过程中的风险评估和排序／89

5.1 风险评估／89

5.2 风险排序／90

6 转变经济发展方式过程中的风险传导／92

6.1 风险传导机理／93

6.2 企业风险的传导机制／94

6.3 行业风险到地区风险的传导／105

6.4 地区风险到宏观风险的传导／110

6.5 风险传导的动态分析／113

7 转变经济发展方式过程中的风险控制系统／121

7.1 目前正在运用的风险控制模式／121

7.2 基于风险分析的风险控制模式／124

附表／127

参考文献／131

1　导　言

　　大连经济自改革开放以来虽然持续快速增长，但经济发展方式过于粗放的现状却没有得到根本性的转变，这一问题在新常态发展进程中表现得更加明显。大连之所以在新常态环境下受到不利冲击且影响程度逐步加深，除了较高的外贸依存度之外，一个重要原因是粗放型的经济发展方式。经济发展方式转变的最终目标是由粗放型经济发展方式过渡到集约型经济发展方式，但这个过程却不是一帆风顺的，而是伴随着风险。

1.1　理论基础

　　大量研究（如 Lucas，1988；Barro and Sala-i-Martin，1995 等）表明，不同国家或地区的经济发展绩效存在极为显著的差异。在理论和实践中，人们通常将这种差异归结为经济发展方式的差异。经济发展方式的概念可以溯源到马克思的《资本论》。一百多年来，东西方经济学家分别从不同角度对经济发展方式进行了探索研究，形成了很多研究成果。所谓经济发展方式，实质上是指经济发展所依赖的各种要素、要素组合模式以及这些要素组合起来推动经济发展的方式，它是一个国家或一个地区实现经济发展的基本模式或方法。在最抽象的意义上，经济分为粗放型经济和集约型经济，与此对应的经济发展方式也分为粗放型经济发展方式与集约型经济发展方式。粗放型经济发展方式是指主要依靠增加低水平的物质资本、增加能源和原材料的消耗，以及大量使用廉价劳动力等生产要素，来扩大企业的投资规模，增加产品的生产数量，进而实现整个经济的发展；而集约型经济发展方式则是主要通过依靠科技进步，增加物质资本的技术含量，改善劳动者的素质，提高能源、原材料、土地和水资源等生产要素的利用效率等途径，来扩大企业规模，改进产品质量，提高经营效率，进而实现整个经济的发展。

1.1.1 产业经济理论

经济发展方式集约化的过程就是产业结构不断升级的过程。各国经济发展的经验表明，经济发展方式的转变与产业结构的优化有密切关系，作为影响经济发展方式的诸多因素的综合变量，产业结构优化升级是实现经济发展方式转变的根本途径。

首先，需求因素决定着产业结构的变动方向。需求结构的变化导致产业的兴衰更替，进而促进产业结构的演化。其次，供给因素是产业结构变动的物质基础。在不同地区或不同时期，不同的资源和自然禀赋，加之不同的人力资本结构，会形成不同的产业结构。再次，技术因素是产业结构变动的核心动力。技术进步导致新兴产业的建立和原有产业的改造，从而促进产业结构的优化升级。大规模的技术进步可被称为产业技术革命，将带来重大的产业结构调整。最后，制度因素是产业结构变动的必要保障。不同经济发展阶段的经济体制和产业政策，构成影响产业结构变化的制度性因素，是提高资源配置效率和结构升级的重要保障。在上述各因素的综合作用下，产业结构的不断调整优化将促使经济发展方式转变，推动经济发展。反过来，经济发展也会在更广泛的层面上影响需求、供给、技术和制度等基本因素，影响产业结构的调整力度和速度。

纵观西方先行工业化国家的经济发展史，每一次发端于需求、供给、技术和制度等因素变革的重大产业结构调整，都将伴随着经济发展方式的转变和经济的快速增长。总体上看，先行工业化国家的经济发展大致可以划分为四个阶段，对应于不同的发展阶段，存在着不同的产业结构（主要体现在主导产业的变动上）和经济发展模式。

在第一次产业革命以前的"起飞"阶段（1770年以前），受到当时资源和技术条件，以及初级需求结构的制约，主导产业以农业为主，经济发展模式的主要特点是经济增长靠增加土地、人口和其他自然资源投入来实现。例如，英国在公元1000—1500年间，由于人口增长速度慢于西欧的平均水平，劳动力相对缺乏，因而人均收入水平远低于当时的欧洲先进国家。16世纪后，随着领土的扩张和人口的增加（17世纪末的英国人口已经增长了4倍，国土面积也扩张到苏格兰和爱尔兰），英国人均收入几乎翻了一番，而同期法国和德国的人均收入只增长了1/3，意大利几乎没有增长。

在早期经济发展阶段（1770—1870年），产业革命导致机器操作代替了手工劳动，资本密集型的机器制造业和作为机器制造业基础的其他重化工业成为主导产业。产业革命打破了对自然资源的依赖，经济发展的主要动力转向不断增加的资本积累和投入。英国作为世界上第一个进行工业革命的国家，依靠资本积累和大工业生产方式，在1760—1820年间，工业产值增长了23倍，国民收入增长了10倍，形成了棉纺织业占优势的纺织业、冶金业和采煤业并存的工业结构。1870年，英国在全球工业和贸易总量中，工业产值占32%，生铁产量占50%，采煤量占51.5%，棉花消费量占49.2%，贸易额占25%，成为当时名副其实的"世界工厂"。同时，英国的工业革命也伴随着严重的环境污染，伦敦的"雾都"景象、泰晤士河的百年"死河"都是英国为这一段时期粗放型增长方式付出的沉重代价。

在第二次产业革命以后的"现代经济发展"阶段（1870—1970年），人力资本不断累积，技术进步不断加快，生产效率显著提高，出现了制造业和服务业共同发展的趋势。19世纪末20世纪初的第二次技术革命和随之发生的产业革命，使得技术进步成为经济发展的主要驱动因素。据统计，1896年全世界科研人员只有5万人，科研经费不到50万英镑，而到了1953年，全世界科研人员至少增加到40万人，科研经费则达到20亿英镑。在1900—1984年间，美国全要素生产率的贡献达到78%，而在早期经济发展阶段，这一数字只有36%。在技术进步的推动下，西方先行国家纷纷形成依靠效率提高推动经济发展的现代经济发展模式，美国在这段时期逐渐取代英国，成为世界上最富强的国家。第二次世界大战后的20年间，美国石油、化工、天然气、电子、航天和航空、原子能等新兴工业部门逐步取代钢铁、汽车和建筑业等原有三大支柱行业。第三产业迅速扩展，1973年，服务业收入已占国民收入的54.7%，美国已经逐步建立起服务经济。

20世纪70年代以后经济发展开始向信息时代转变（1970年至今），这个时期出现了以电子计算机、互联网等为核心的现代信息技术，信息化和信息通信产业成为经济发展的新动力。信息技术逐渐向产业化方向发展，在经济社会各行业中广泛渗透，成为产业结构升级的新动力。以美国为例，20世纪70年代中后期以后，随着信息技术的广泛应用，美国经济在20世纪90年代经历了长达117个月的最长繁荣周期。

回顾西方先行工业化国家的经济发展史，虽然不同的经济发展阶段呈现出不同的经济发展特征，但是我们不难得出两个基本结论。第一，产业结构调整是经济发展的永恒主题。受需求、供给、技术和制度等因素的综合影响，每一次产业结构的重大调整都将导致经济发展方式的转变，带动经济快速增长。第二，进入现代经济发展阶段，特别是近十几年以来，产业结构优化调整频率在不断加快，经济发展方式转变的"技术含量"在不断增强。只有坚持不懈地以技术进步和创新为动力，促进产业结构的调整优化，才能保持经济持续稳定增长和发展的后劲。

1.1.2 现代区域发展理论

开始于冯·杜能的《孤立国》，区域发展理论的研究经历了古典、近代和现代三个阶段。系统的区域发展理论，从20世纪50年代初产生至今，经过了增长、发展和创新三个阶段的演变。

（1）增长阶段（20世纪50年代初—70年代初）

区域发展理论受到20世纪40年代初—60年代发展经济学的影响，在该时期经济发展表现为农业地位下降、工业地位上升以及国民收入增长的过程，强调工业化和高增长率的重要性，强调资本积累和计划的重要性。

增长阶段的区域发展理论的代表有：弗里德曼提出的核心发展战略"使新的核心区域从大到小在边缘活起来"；伊萨德提出的为抵抗区域间不平衡发展的"恶性循环"国家干预说；科林·克拉克主张国家干预区域发展，这种干预是刺激投资和就业，同时实行"区域工资税和折扣"制度。

（2）发展阶段（20世纪70年代中期—80年代初）

在这一阶段，传统区域发展理论受到了冲击。首先，此阶段区域发展理论指出，产业结构改造和经济增长率只是发展的手段，不是发展的目的，满足人的需要应该是发展的目的，从而否定了把产业结构转换和经济增长率作为发展目的的传统发展观念。其次，该阶段区域发展理论否定了传统的区域发展理论的观点（即可以损害农村和农业，推崇城市化、工业化）强调了农村和农业的作用。最后，本阶段区域发展理论表达了人力资本的重要性，特别强调在人力资本形成过程中，教育起到的关键作用。

可见，无论是在发展的方式和手段上，还是在发展的目的上，区域发展理论均发生了非常大的变化。这些变化弥补了传统区域发展理论的不足，纠正了传统理论的偏差。但是，事实上，各国政府在这一阶段的区域开发中依旧强调工业化水平的提高和经济发展的重要性。

世界各国出现的各种区域问题，推动区域经济学的研究重点不断转向制定区域政策和促进区域经济发展的问题。这一时期，世界各国学者提出了很多具有影响力的战略模式和区域发展理论，比较具有代表性的理论有：新古典区域增长模型、中心-外围模式、增长极理论、输出基础理论、累积因果理论等。

（3）创新阶段（20世纪80年代末至今）

20世纪80年代末，环境问题日趋严重，世界范围的环保呼声日益强烈，可持续发展成为了世界各国的战略选择。此外，西方发达国家的科学技术，尤其是信息技术的迅猛发展，加快了各国从工业经济转变为知识经济的步伐。同时，发展中国家某些区域的知识经济特征也日益明显，并展现出对国家经济的强大拉动效应以及旁侧效应。现代区域发展理论更加强调地方社会文化环境和学习创新的重要性，这种社会文化环境通过地理上的邻近和聚集，方便行为主体间相互学习以及技术创新、扩散和积累，联结客户、企业、科研机构、大学、中介机构以及政府机构，组成有效的网络结构。

相比于传统的区域发展理论，现代区域发展理论一方面受到缪尔达尔循环因果累积模型和新马克思主义政治经济学分析的影响，强调区域发展的技术、社会基础和制度，强调区域的动态过程和结构主义方法；另一方面又受到交易费用经济学和古典经济复兴以及制度和进化经济学兴起的影响，强调在区域经济发展中交易费用、马歇尔聚集经济和学习创新的作用。目前，现代区域发展理论的研究重点表现在：跨国公司全球化与区域发展、新贸易理论和地理经济学、区域发展的制度基础和区域管制、新产业区理论、区域可持续发展、地方环境以及学习创新。

在经济全球化和新科技革命的推动下，企业、区域以及国家竞争力不仅取决于静态相对成本优势，更取决于其动态创新能力，而动态创新能力与地方环境以及该环境下的学习创新过程紧密相关。产业活动地理聚集可以创造出增强企业创新能力的环境，这种创新的环境不但是物质基础设施、企业组织和产业结构等经济方面的环境，还应该包括社会制度和文化。在知识的生产和使用的过程中，需要一种有利于学习的创新环境，通过地理聚集方便学习，进而实现技术创新、扩散以及知识的累积，这种连贯客户、企业、大学、研究机构和地方政府的网络关系和地方环境可以增强各行为主体间的信任，有利于约束机会主义，提高不同行为主体随着环境变化发现新的解决方法和调整自身行为的能力。

1.1.3　风险控制理论

风险控制涉及各个行业，每个行业都有其自身的特点。风险控制是指生产过程中，风险管理部门对可能遇到的各种风险因素进行识别、分析、评估，以最低成本消灭或减少风险发生的各种可能性，或者减少风险发生造成的损失。

从经济领域上分析，风险控制就是对经济活动或行为中的风险进行管理，从深层上研究，风险控制是指主体通过风险识别、风险量化、风险评价等风险分析活动，对风险进行规划、控制、监督，从而增大应对威胁的机会，以成功地完成并实现总目标。宏观经济风险控制的主体是政府，客体是经济活动中的风险或不确定性，在宏观经济运行的全过程中政府应设置专门的风险控制机构。风险控制是一个过程，由风险的识别、量化、评价、控制、监督等过程组成，通过计划、组织、指挥、控制等职能，综合运用各种科学方法来保证宏观经济活动顺利完成；风险控制的选择要符合经济学原理，充分体现风险成本效益关系，不是风险越低越好，而是合理优化达到最佳效益，制定风险控制策略，科学规避风险；风险控制具有生命周期性，在宏观经济运行过程中，特别是政策实施的每一阶段，政府均应进行风险控制，应根据风险变化状况及时调整风险应对策略，实现全生命周期的动态风险控制。

（1）宏观经济风险的界定

从经济转型特殊时期来看，部分经济学家认为市场制度设计的严重缺陷及相应的改革不到位，虚拟经济导致的过度投机，国际经济危机和通货膨胀的冲击等使转型经济存在系统性经济风险。这些系统性风险的存在要求我们高度重视国家经济安全问题。从我国经济转型时期系统性风险的形成原因看，由系统性风险而造成的国家经济安全问题主要有三个层次。对宏观经济风险的界定主要体现在三个方面：

①微观层次上的企业经济安全

一国的经济安全程度根本取决于该国的经济发展和综合实力。企业作为经济发展的微观基础，企业安全与竞争力的提升对国家竞争力及综合国力的提升起决定性作用。企业经济安全是指企业在面对威胁和挑战时，可利用各种手段，使重大经济利益免遭损失，保障其生存和发展，并在市场竞争中争取有利地位和营造良好的外部环境。企业经济安全追求一种相对平衡状态，即在企业运行的诸多矛盾中，通过必要的方法获得平稳和可持续发展。入世后，我国企业在以更加积极的姿态参与国际合作和商业竞争的同时，如何维护自身的经济利益和经济安全，是当前亟待解决的重大课题。在经济转型中由于企业内部机制转化与改革不到位，因而造成一些企业安全问题，主要体现在：一是外部冲击带来的企业安全问题。例如，我国加入WTO后，三大关贸壁垒被消除（即取消非关税壁垒、减让关税和开放市场），过去维系企业内外平衡状态的诸要素受到冲击，其经济安全受到严重挑战。同时随着跨国企业的大量进入，外资并购也造成企业安全问题。由于我国绝大多数企业长期处于封闭或半封闭状态，对国际经济运行的规则缺乏真正、系统的了解，加上跨国公司的冲击，在开拓市场上遇到重重障碍，无法挤进国际市场。二是企业内部机制不完善而带来的安全问题。由于经济转型的推动，企业的决策机制、投资机制都会发生变化，但由于企业经营机制未彻底转化、法人治理结构不完善及内部机制不健全等内部原因会导致企业的安全问题。三是企业所处行业环境的经济安全受到挑战。随着经济转型和经济开放，企业所处行业的机遇进一步差异化，劳动力密集型和资源密集型行业将由于资源禀赋效益获得巨大的发展机遇，而技术密集型、资本密集型行业将受到冲击，存在严重经济安全问题。

②宏观层次上的整体经济安全

宏观层次上的整体经济安全包括：一是产业安全。这是国家经济安全的主要内容。产业安全是对外开放、参与国际竞争不可回避的问题，在经济转型中随着外商直接投资的快速增长和外资并购节奏加快，收购取代投资建厂已成为外资进入我国市场的最重要方式。跨国公司对我国一些龙头企业实施并购，使我国民族产业面临挑战，使我国一些产业内部分工模式、产业链及相应的产业生态环境发生变化，引发社会各界对产业安全的高度关注。二是金融安全。金融安全是指保持国家金融系统运行和金融发展不受内外部各种因素威胁和侵害的状态，并凭借各种手段把金融风险控制在可能引发金融危机的临界状态下，确保金融体系的稳定。在经济转型过程中，我国的金融体系存在特殊的脆弱性。东南亚金融危机表明，开放条件下脆弱的金融体系往往难以避免危机的冲击。加入WTO后，我国金融对外开放的步伐进一步加快，我国金融体系面临极为严峻的考验。三是粮食安全。粮食安全是一个在世界范围内都很严峻的问题。我国是发展中的农业大国，耕地仅占世界的10%，而人口却占世界的22%，十几亿人的粮食问题始终是头等大事。高度重视保护和提高粮食综合生产能力，建立稳定的商品粮生产基地，建立符合我国国情和社会主义市场经济体制要求的粮食安全体系，是我国未来经济发展中有效化解经济风险和保障国家经济安全的重点。四是资源安全。我国资源形势严峻，资源安全作为国家经济安全的基点和全面建设小康社会的物质支撑，必须被高度重视。资源安全是国家经济安全的基点，我国在经济转型中应高度重视资源安全和资源战略问题。五是生态安全。生态安全是国家经济安全的一项新内容，包括两层含义。第一层是防止由于生态环境的退化对经济基础构成威胁，主要指环境质量状况和自然资源的减少和退化，削弱经济可持续发展的支撑能力；第二层是因环境问题而引发的群众不满特别是环境难民的大量产生，将影响社会稳定，必须加以防范。我国生态环境基础原本就脆弱，庞大的人口对生态环境又造成重大、持久的压力，加上以牺牲环境求发展的传统发展模式，这些都对生态环境造成很大冲击和破坏。

③经济全球化条件下的经济安全

经济全球化加快了生产要素在全球范围内的自由流动和配置，推动了全球统一大市场的形成，促进了全球生产力的快速发展，加快了经济转型的步伐。但它对国家经济主权形成巨大冲击，给国家经济安全特别是发展中国家的经济安全带来很大威胁。从我国经济全球化背景下的经济安全问题来看：一是贸易安全。贸易安全是指一个国家的国际贸易发展所面临的国内外环境，一个国家参与国际竞争促进本国经济发展和提高本国人民生活水平的能力及其为本国带来的国际经济和政治地位。我国作为发展中国家，加入 WTO 有利于我国利用国际市场和国际分工促进发展，但也会带来技术落后、产品的附加值低、出口产品都是劳动密集型产品、缺乏竞争力等问题。同时外国商品的大量涌入，会对国内市场产生冲击，引发贸易安全问题。因此，我国加入 WTO 后，要构建和完善与 WTO 规划相一致的有中国特色的市场经济保障体系，面向国际市场制定经济发展新战略，制定和执行好国际经济政策，培养精通科技及国际经济法规人才等对策，才能在加入 WTO 后维护我国的贸易安全。二是信息安全。在经济全球化条件下，信息安全问题已成为影响国家经济安全和社会稳定的重大问题。目前，我国经济在整体上已日益信息化，但信息技术应用水平不高，信息技术的潜能尚未得到充分挖掘，在部分领域和地区应用效果不明显，信息安全问题仍比较突出。在全球范围内，计算机病毒、网络攻击、垃圾邮件、系统漏洞、网络窃密、虚假信息和网络违法犯罪等问题日渐突出，如果应对不当，可能会给我国经济社会发展和国家安全带来不利影响。

（2）经济转型过程中系统性风险的防范

风险意味着损失的可能性，对市场竞争主体来说，一般性的风险会形成巨大的经营压力，促使企业等竞争主体为避免损失而努力提高决策水平，改善企业经营管理，规避风险损失，提高经营效益。但经济转型中的系统性风险往往会给一国的国民经济带来严重冲击，危及一国的经济安全。因此，在经济转型过程中，我国要高度重视转型的系统性风险，采取有效的风险化解机制，维护国家经济安全。

①推进市场化改革，完善市场经济体制

与西方发达国家经济体制经过长达数百年的自发和循序渐进的过程不同，我国必须在短时间内实现从传统计划经济体制向现代市场经济体制的根本转变。新旧体制的博弈必然会带来无序状况，造成观念转变、权力利益调整等方面的冲突，从而引发经济的系统性风险。系统性风险不同于一般风险，它往往危及国民经济系统。同时这些风险是由于改革不到位及现行体制不完善而引起的。因此，为化解经济转型的系统性风险，稳定社会环境，我国就必须对体制转轨的模式、着力点与突破口、速度与力度等问题进行战略设计，通过推进市场化改革，完善市场经济体制来化解经济转型的系统性风险。从系统风险的形成原因出发，我国当前应重点解决以下四个问题：一是完善宏观调控体系，建立风险预警机制，及时预期风险并化解风险；二是加强对风险市场与虚拟经济运行的监管，完善监管机制与监管体系；三是进一步完善市场经济的稳定系统，建立完善的社会保障体制；四是实现与国际市场机制的对接与统一。

②进一步转变政府职能，完善宏观调控体系

国际经济危机和通货膨胀的冲击带来的系统性风险与国家宏观调控有关。因此，国家需要强化政府的社会管理和公共服务职能，规范政府干预市场和介入经济活动的行为，将政府对经济的管理纳入法治化轨道。市场调节实现的均衡，是一种事后调节并通过分散决策而完成的均衡，往往具有相当程度的自发性和盲目性，由此产生宏观经济周期性的波动和经济总量的失衡，此时若没有政府干预，就会导致通货膨胀，危害社会稳定，或因需求不足而导致生产过剩，导致失业面扩大，造成社会动荡，形成经济风险。目前，我国转轨时期市场体系正处于发育和走向成熟阶段，价格机制的误导和竞争引起的非法垄断不可避免地会经常发生，这必然导致市场经济系统运行的混乱无序。政府可运用经济手段和法律手段进行国家宏观调控，保持宏观经济稳定，加强经济发展风险的监控和预测，抓紧制定化解和抵御系统性风险的对策，防范经济风险。

③加强对虚拟经济发展的监控

在经济发展过程中，实体经济是整个经济的"硬件"，而虚拟经济就是"软件"。在"硬件"不断发展和提高的同时，"软件"也要不断发展、升级，以适应我国经济发展的需要。但虚拟经济的过度发展会引发泡沫经济。如果虚拟经济发展缺乏有效监控，市场开放过快，使虚拟经济过度膨胀，那么经济泡沫累积到一定程度就会形成泡沫经济，形成系统性的经济风险。因此，我国需要加强对虚拟经济发展的监控，以及时化解经济转型中的系统性风险。具体措施包括：一是正确处理实体经济与虚拟经济的关系。虚拟经济是市场经济高度发达的产物，以服务于实体经济为最终目的。我国应以实体经济的具体情况出发，按照实体经济的要求和条件，采取有效措施，积极创新，稳步推进虚拟经济的繁荣和发展。二是加强对虚拟经济的监管。根据虚拟经济的特点及其可能面临的各种风险，我国应加强与虚拟经济相关的法规建设和监督管理，防范风险，使虚拟经济真正成为实体经济有益的延伸和补充。三是完善虚拟经济发展的各项措施。我国应在企业改革、金融政策、宏观经济调控等方面采取相应的政策措施，使微观竞争主体受到硬的预算约束，使宏观经济基础结构更加合理、金融监管逐步加强，以防范金融风险，为发展虚拟经济创造条件，推动虚拟经济和实体经济同步运行。

④建立国家经济安全防御战略

经济转型时期系统风险的存在使国家经济安全成为主要问题，为防范和化解经济转型过程中的各种风险，我国必须建立完善国家经济安全战略。第一是构建国家大安全的总体战略。国家大安全战略包括两方面内容：一是由公共利益即社会整体利益决定的国家发展战略，其内容包括经济发展战略、科技发展战略、文化发展战略、社会发展战略等。二是由国家利益决定的国家安全战略，其主要内容包括外交战略和国防战略等。国家大安全战略应把国家经济安全纳入国家安全战略体系，使经济安全与军事安全、国防安全、文化安全、政治安全等一起构成21世纪国家安全战略的主要内容。第二是通过综合国力提高来加强防范风险的能力。国家经济安全与国家综合国力成正比。要进一步提高我国的综合国力，国家在发展思路上，必须牢固树立和认真落实科学发展观，提高统筹兼顾和协调发展的能力；在发展战略上，应发挥后发优势，把引进与创新结合起来，防止外资控制国民经济的主导产业和支柱产业；在发展过程中，应着力提高国家经济竞争力和企业市场竞争力。第三是构建国家经济安全防御体系。国家经济安全防御体系是国家安全防御体系的子系统。构建国家经济安全的防御体系，应从以下几方面着手：一是建立国家经济安全预警机制，密切关注金融市场的发展、产业结构的变化。二是建立经济安全监测指标体系，包括信息安全指标、金融安全指标、外贸安全指标及产业安全指标等。三是建立经济安全保证体系。四是制定国家经济安全法规，如现代网络安全法等防御性安全法规和国家经济紧急事态法等应急性法规。五是为防止出现战略性经济资源过分对外依赖的局面，应建立一定规模的国家经济资源战略储备和保障体系。

1.2 政策启示

一直以来，大连市委市政府都在以保持经济健康发展为主要目标，积极推进产业结构优化调整，提升需求动力，增强实体经济实力，全面推进"两先区"建设。但是经济发展不是单一存在的，特别是在转型发展的社会状态下，离开了科学的统筹和规划，那么对于大连这样一个沿海开放城市来讲，高质量发展是很难实现的。

基于以上分析，我们就转变经济发展方式过程中的宏观经济风险控制问题提出如下政策建议：

一是尽快建立一个基于风险分析和评估的政府宏观经济风险控制系统。本书详细分析了在转变经济发展方式过程中构建宏观经济风险控制系统问题。需要进一步指出的是：第一，建立转变经济发展方式过程中新的宏观经济风险控制系统是必要的，没有一个基于风险识别、风险评估、风险排序和风险控制的转变经济发展方式的政策体系，在实践中必然会因为时滞因素而产生预料不到的结果，加大执行政策的风险，引起时间不一致性问题，进而使政府在制定和执行转变经济发展方式的政策时或因犹豫不决而坐失良机，或因急躁冒进而酿成恶果。第二，建立一个新的宏观经济风险控制系统是可能的。只要在现有的宏观经济风险控制系统中加入决策前的风险分析、决策执行过程中的重点行业和重点地区控制，就能够避免现有宏观经济风险控制系统中存在的主要问题。

二是注意对重点产业和重点地区的风险控制。经过多年探索，政府已经逐渐明确了转变经济发展方式的目标是实现经济的可持续发展，方法是建设节约型社会，重点是发展循环经济。根据这样一个政策思路，我们可以找到转变经济发展方式过程中风险控制的重点。首先，需要进行宏观经济风险控制的产业主要是第二产业。虽然第一产业和第三产业都存在转变经济发展方式的问题，但第二产业中的问题最大，因而转变经济发展方式的重点在第二产业。而第二产业内部的关联度高，转变经济发展方式的相关政策引起的不确定性较大，因而在转变经济发展方式过程中需要格外注意的产业风险源就是第二产业；而在第二产业中，政府又需要重点控制电力、钢铁、建材、石油加工、化工等行业，因为这些行业的企业多属于能源密集型企业，而且相当大一部分是属于粗放型发展模式，无论是目前正在实施的相关措施，还是未来更多的调整政策，首当其冲的就是这些行业。由于电力、钢铁、建材、石油加工、化工都是国民经济中的基础产业，担负着为国民经济中的其他产业部门，特别是为制造业提供基本生产资料、辐射产业链等任务，因而由转变经济发展方式所带来的产业风险会通过这些产业扩散到整个制造业中去，进而扩散到国民经济中的其他产业部门。控制好这些产业在转变经济发展方式过程中的风险，就在相当大程度上控制住了宏观经济中的产业风险。其次，在宏观经济风险控制的地区选择上，政府主要应选择那些高能耗、高污染、资源型产业密集的地区。虽然大连相关县区都或多或少存在这样的产业，但总体来看还是渤海组团地区这类产业偏多，因此政府在转变经济发展方式过程中需要注意占大连工业比重1/5的渤海组团地区所面临的风险。从个体层面上看，大连不少县区都拥有高能耗、高污染、资源密集型和低效益类型的产业，转变经济发展方式的一系列政策措施，对这些县区带来的影响非常大，如果政府继续加大调整的力度，这些县区中的许多企业就将面临关闭的可能，进而为城市的财政收入和就业带来极大的压力，这些县区是转变经济发展方式过程中的高风险地区，因而需要高度重视。

三是立足于优化结构，构建现代发展模式。在转变经济发展方式的过程中，一个重要的手段就是立足于优化产业结构，积极构建符合宏观经济发展方式的现代产业发展模式。大连要以改造提升传统产业来调"优"，以石化、造船、装备制造和电子信息等传统产业大型骨干企业为重点，推动企业跨地区、跨行业强强联合和重组并购，形成具有国际竞争能力的大企业或企业集团，引导集群企业围绕主导产业和骨干企业，特别是引进的重点外资企业，进行产品的配套生产，形成密集的产业链和有效的产业集群。大连以19个沿海经济园区为载体，加快传统支柱产业聚集区建设，以国内、国际两个市场为依托，加强与国内外大公司的合资合作，拓宽发展空间。以培育壮大战略性新兴产业来调"高"，以突破重大关键技术为核心，以培育壮大新兴产业为龙头，推进产业集群发展。在加快推进现有新兴产业形成规模的同时，大连要主动把握新兴产业趋势性变化，抢先布局未来产业，打造新的经济发展点，为产业升级提供不竭动力。以加快发展现代服务业来调"轻"，着眼"四个中心"建设目标，发挥"互联网+"的引领、融合和创新驱动作用，大力发展电子商务、融资租赁和现代物流等产业；以东港商务区、星海湾金融商务区等为依托延伸产业链，培育供应链物流、互联网金融等新兴业态。提升旅游休闲、健康养老、文化娱乐和展览展示等设施服务水平，培育新的消费热点；发挥区位优势，推动服务产业与中韩、中澳自贸区发展相对接。以增强自主创新能力来调"强",打造物联网、高端信息技术、先进装备制造、新能源等产学研协同创新联盟,对全市重点产业核心竞争力形成全面支撑,使大连成为东北地区"创新中心";坚持"两化融合",为新一代信息技术和软件产业、物联网和云计算产业提供发展机遇;借鉴国际先进经验,推进重点企业的管理创新、技术创新和经营创新,大力发展研发设计、金融后台服务等领域,培育一批具有国际竞争力的龙头企业。

四是全面防范各类宏观经济风险,但重点是防范通货膨胀和失业风险。转变经济发展方式必然会影响到大连的经济增长率。但是从当前经济发展的宏观环境上看,国内经济增速换挡的普遍共性和东北经济转型迟滞的区域特性叠加,大连经济运行新常态的阶段性特征已经在不断凸显,在新兴动力成长、转型升级优化的同时,经济下行压力持续加大,增长已经步入中高速区间,因此降低经济增长率本身并不会产生过大的宏观经济风险,至多是由于经济增长率降低而带来的其他风险,例如财政收入的减少,特别是采取粗放型发展模式企业较为密集地区的地方财政收入明显减少。转变经济发展方式必然降低大连出口产品中能源和资源密集型产品的比重,但同时也会减缓全市能源和资源密集型产品的进口,总体上看,它对进出口平衡所产生的影响也不大。转变经济发展方式所带来的最大的宏观经济影响是它有可能加速通货膨胀。这主要是因为转变经济发展方式最根本的潜在途径是提高能源和资源的价格,而能源和资源处于投入产业链条的上游,价格的提高,必然会导致下游一系列企业生产成本的上升,从而加速成本推动型的通货膨胀。但如果不提高能源和资源的价格,则会使财政补贴的负担不断加大。但我们也应该乐观地看到,近年来大连的通货膨胀水平一直在可控范围之内,而且是温和偏低的,所以说推动经济发展方式转变带来的通货膨胀风险是具有一定可控空间的。此外,转变经济发展方式还必然会导致整个经济中失业率的上升,特别是某些地区和某些行业中失业率较大幅度的上升。如果进一步加快转变经济发展方式的步伐,通货膨胀和失业的风险将显著加大,这是政府需要特别注意的地方。

　　五是确定转变经济发展方式的进程，建立政策预报制度。政策预报制度是指政府在风险分析的基础上确定转变经济发展方式的进程，再根据这一进程来制定各个阶段的政策，并将这些政策及时公布。建立政策预报体系的好处是：第一，政策预报使政策成为一种承诺，从而增加政策的可信性。在转变经济发展方式过程中，政府如果确定了转变经济发展方式的步伐，就相当它做出了一个承诺，而承诺增强了政府的可信性，迫使企业在给定政府转变经济发展方式的前提下来做出相应的安排；第二，政策预报便于地区、企业和投资者安排自己的规划，从而减少转变经济发展方式带来的宏观经济风险。只有在政府公布了预期的政策之后，地区、企业和投资者才可以形成一个可预期的稳定的外部环境，然后才有可能根据外部环境的变化来调整自己的活动，这有利于减少全社会的资源浪费，特别是有利于企业安排自己的投资活动，而投资活动通常都需要经历较长的时期，而且多数项目在投资之后具有不可撤回性。如果政府建立了一个转变经济发展方式的总体规划，将有利于各地区、各行业、各企业和投资者根据政府的总体规划来安排自己的投资活动，从而减少转变经济发展方式过程中的宏观经济风险。

1.3　研究思路及结构安排

1.3.1　研究思路

　　本书主要思路是构建一个"效率评价–风险评估–风险控制"的理论研究体系。

　　第一，本书从不同国家或地区的经济发展绩效差异性入手，系统分析转变经济发展方式的相关理论问题，构建一个"效率评价–风险评估–风险控制"的理论研究体系。本书将在现有关于转变经济发展方式的相关理论研究基础上，结合风险理论的相关研究成果，构建一个更为完善的研究转变经济发展方式问题的理论研究体系，为今后部分学者和相关部门的研究提供基本分析思路。

第二，本书将大连作为研究的主要对象，研究其经济发展基本现状，从产业、区域和系统耦合三个层面，运用 DEA、因子分析和耦合模型，对其转变经济发展方式情况展开评价。

第三，本书完成对大连转变经济发展方式过程中的风险测量工作。针对大连在转变经济发展过程中的实际特点，本书应用相关数据，完成大连在转变经济发展方式过程中，支柱行业对目前重要行业、未来重点发展行业以及整个宏观经济的动态风险影响分析。

第四，本书完成风险评估模型构建工作。本书按照风险能量模型的构建思想，结合转变经济发展方式引发的系统内部与外部、短期与长期风险特点，构建风险评估模型，对大连三大产业和各个地区（主城区、新市区、渤海组团、黄海组团）在转变经济发展方式过程中的各种风险进行评估，并根据评估结果的数值大小对相应的各种风险进行排序。

第五，本书完成基于风险分析的宏观经济风险控制系统构建工作。通过对当前大连市转变经济发展方式过程中的风险评估、风险传导机制、风险传导路径等问题分析，针对当前风险控制系统存在的主要问题，本书设计一种基于风险分析的宏观经济风险控制系统，为政府制定发展规划、实施调控政策提供理论依据，以达到对相关宏观经济风险的有效调控。

1.3.2 结构安排

根据"构建理论框架，结合本市现状，突出实践应用"的指导思想，本书从基本理论入手，通过产业经济理论、区域经济理论、风险理论等，形成研究的理论基础；通过对大连转变经济发展方式的情况的分析，说明转变经济发展方式的背景和必要性；运用 DEA 方法、因子分析方法，从产业、区域两个层面对大连转变经济发展方式过程中的效率展开评价，在量化方面强化研究的针对性；围绕产业特点、区域特征，对转变经济发展方式过程中大连三大产业和不同地区所带来的风险进行识别；创建风险估算公式，对相关风险进行评估和排序；应用脉冲响应函数，定量分析转变经济发展方式过程中行业之间的风险传导机制以及由行业到整个宏观经济的风险传导机制；在此基础上，设计宏观经济风险控制系统。本书具体包括七个部分的内容，其中第一、二、三部分是本书的基础部分，第四、五、六部分是本书的主体部分，而第七部分是本书结论部分。

（1）导言。本部分作为本书的理论基础，从产业经济、区域经济、风险理论等视角出发，梳理当前关于该问题的主要研究思路，探讨建立"经济发展–转变方式–风险评估"理论分析体系。

（2）分析当前大连转变经济发展方式情况。本部分介绍转变经济发展方式的历史和现实背景；结合大连经济发展实际，突出转变经济发展方式的必要性；探讨转变经济发展方式过程中面临的风险。

（3）遵循指标体系建立的科学性、全面性、层次性、针对性以及可操作性原则，综合考虑指标数据的可获取性，从产业、区域和系统耦合三个层面对大连经济发展方式转变情况进行量化评价。

（4）转变经济发展方式过程中的风险识别。首先，围绕产业发展的实际特点，分析转变经济发展方式对于三大产业的企业所带来的风险。按照农业感应度系数，识别传统农业和现代农业在转变经济发展方式过程中所面临的风险；以制造业为基本研究对象，通过中间使用率、直接消耗系数、影响力系数等指标，识别第二产业所面临的风险；以服务业为基本研究对象，识别第三产业所面临的风险。其次，按照当前大连经济发展的主要格局（主城区、新市区、渤海组团和黄海组团），根据转变经济发展方式对该地区主要产业内的不同类型企业的影响，进一步拓展到对各个城区的主要影响。

（5）转变经济发展方式过程中的风险评估和排序。结合风险传导机理和风险能量模型，按照转变经济发展方式带来的系统内部与外部、短期与长期风险，尝试构建风险评估模型，对转变经济发展方式过程中的各种风险进行评估，并根据评估结果的数值大小对转变经济发展方式过程中的各种风险进行排序。

（6）转变经济发展方式过程中的风险传导机制。本部分旨在分析转变经济发展方式过程中所产生的风险通过何种机制呈现，按照"贴近经济实际、简化分析步骤"的思路，探索构建一个风险传导机制，主要将通过静态分析和动态分析两种方式进行。静态分析从宏观风险的传递函数进行说明，并以此为基础分析"企业、行业、地区和宏观经济"之间风险传导路径。动态分析主要进行两个方面的分析。一是行业之间的风险传导分析。其将应用季度数据，选择大连市四大支柱行业（石化、装备制造、船舶、电子信息）作为主要研究对象，对其在转变发展方式过程中将风险传递到其他行业的程度和时滞进行定量分析；其他行业主要分为两类：一类是目前的重要行业（房地产、汽车），另一类为未来的重点发展行业（医药、新能源）。在实证分析中，我们考虑到季度性数据特点，将使用 X-11 方法进行季节调整；为防止出现伪回归，我们使用 ADF 检验和 PP 检验对数据的平稳性进行检验，并使用约翰逊检验考察变量间的协整性，最优滞后阶数通过 AIC 和 SC 信息准则来选择；风险的动态传导过程将使用脉冲响应函数来完成。二是行业风险到宏观风险的传导。GDP 和其他宏观经济变量，如财政收入、失业以及通货膨胀等有很密切的联系。当宏观税负不变的情况下，GDP 的减少意味着税收收入的减少。税收在财政收入中占比较大，税收收入的减少会使政府的财政收入减少，产生财政风险；根据奥肯定律，GDP 的减少会引起失业的增加，产生失业风险；从菲利普斯曲线来看，GDP 的减少会引起通货膨胀率的增加，产生通货膨胀风险；因此，宏观风险变量将选择 GDP，行业风险变量则选择四大支柱行业变量构建模型，风险动态传导过程将使用脉冲响应函数分析。

（7）转变经济发展方式过程中的风险控制系统。本部分在上一部分的研究基础上，旨在根据风险传导的机制，构建一个风险控制系统，以达到对转变发展方式所引发的宏观经济风险进行有效调控的效果。其主要工作是分析当前风险控制系统存在的主要问题，并在此基础上探索设计一种新的基于风险分析的宏观经济风险控制系统。

2 大连转变经济发展方式的情况概述

2.1 转变经济发展方式的背景

一段时期内，大连的经济发展方式是相对较为粗放的，它的突出特点是"高投入、高消耗、高排放和低效率"。首先，在实现经济发展的过程中大量的生产要素被占用，即投入大量的物质资本、劳动力和土地资源等；其次，生产消耗大量的能源、原材料和水资源，如果可供经济系统中消耗的资源受到严格的限制，则这种方式的经济发展就难以为继；再次，由于在这种经济发展方式中，企业的技术水平较低，能源、原材料和水资源等生产要素的利用效率不高，因而在发展过程中企业不可避免地向环境中排放大量的废水、废气、废渣和其他固体废弃物，从而造成环境污染，影响生态平衡；最后，由于投入要素的技术水平低、组合方式差、利用率不高，因而这种经济发展必然是低效率的，不能够为全体市民带来应有的福利。

理论界和政府部门早已关注粗放型经济发展方式的弊端，并且提出了转变经济发展方式的问题。2010年12月27日，大连明确提出了以科学发展新跨越为主题，以加快转变经济发展方式为主线，以推进全域城市化为载体，以持续改善民生为出发点和落脚点，以深化改革开放为动力，优化空间布局，提升城市功能，调整经济结构，增强创新能力，保护生态环境，加快社会建设。2011年7月，大连市第十一次党代会确立了"开放引领、转型发展、民生优先、品质立市"四大战略。2012年8月，市委十一届三次全会进一步创新了城市发展思路，做出了"坚持全域城市化、新型工业化、城市智慧化和农业现代化，在'四化'统筹、协调推进中提升城市综合竞争力"的战略决策。2013年8月，习近平总书记视察大连时提出，要把大连进一步建成产业结构优化的先导区和经济社会发展的先行区。这一指示，深化了经济发展方式转变的深刻内涵，要求大连调整产业结构，加快发展现代服务业，大力发展循环经济，加快建设资源节约型社会；要求大连率先转变经济发展方式，把经济社会发展切实转入科学发展轨道；要求大连进一步明确发展定位，进一步提升产业层次，进一步完善激励约束机制，在转变发展方式上确立更高目标、迈出更大步伐。这是中央对大连的殷切期望，也是大连肩负的重任和历史使命。

2014年，大连市正式出台《中共大连市委大连市人民政府关于加快建设产业结构优化的先导区和经济社会发展的先行区的意见》，提出建设"两先区"的奋斗目标：成为国内外有影响、高端资源集聚的创新创业示范城市，建成引领东北地区产业结构优化的先导区；建成全域空间规划科学、生产绿色发展、生态环境优美、生活舒适宜居，引领东北地区经济社会发展的先行区。

近年来，随着地区经济快速发展，市场经济新体制逐步完善，大连加快转变发展方式的经济、制度和政策等有利条件不断形成。当前全国仍处于大有可为的重要战略机遇期，中央进一步振兴东北老工业基地的实施意见出台，辽宁沿海经济带开发开放上升为国家战略，这些都为全市加快转变发展方式提供了良好环境和政策支持。多年结构调整形成的现代产业体系和积蓄的经济能量，特别是"十二五"投资建设的大批功能性基础设施和战略性新兴产业项目，为全市加快转变发展方式奠定了雄厚基础，提供了有利条件。全域城市化的快速推进，尤其是金普新区获批，新市区的开发建设和沿海重点区域的体制创新，为全市加快转变发展方式注入了强大动力。近年来积累的科技、教育和人才优势，为全市加快转变发展方式提供了技术和智力支持。

虽然大连把转变经济发展方式作为落实科学发展的重要途径，并且采取了一系列的实质性措施，也取得了一定的效果，但我们也应该看到转变经济发展过程中存在的问题：经济发展仍以资源、投资等要素投入拉动为主，城乡区域发展不均衡，消费对经济发展的贡献不足；经济发展过程中，一些高耗能、高排放的企业得到了更快的发展；社会事业发展相对滞后，公共服务能力亟待增强，居民收入水平不高，劳动就业压力较大；生态发展面临严峻挑战，节能减排任务仍然十分繁重。在这种情况下，如果大连不能够切实转变传统的粗放型经济发展方式，就必然会导致如下结果：首先是能源和原材料等主要资源将难以支持经济的持续增长，经济运行不可能进入良性循环；其次是环境和生态将难以承受巨大的污染和破坏，导致环境灾难频发、居民生活质量的降低和社会福利的减少；最后是国际竞争力难以提升，在绿色壁垒的限制下，低技术含量的产品越来越无法适应激烈的国际竞争，在新兴产业上面临着被发达地区越落越远的可能。

2.2 转变经济发展方式的现状

大连转变经济发展方式是一个长期、动态的过程，它所要达到的目标是一个目标体系，其中既有阶段性的目标，也有最终目标；既有单项目标，也有总体目标。从政府工作报告以及国民经济和社会发展规划来看，大连转变经济发展方式所要达到的长期目标是，经济发展步入一个又好又快的发展模式和发展轨道，在优化经济结构、提高经济发展质量和效益的基础上，达到经济的可持续发展，实现速度、结构、质量、效益相统一。而短期的、可分解的目标则是增加经济中的科技含量，调整产业结构，提高经济效益，降低能源和主要资源的消耗、减少对环境的污染和生态平衡的破坏，使人力资源得到有效开发等。

为了实现转变经济发展方式的目标，大连市委市政府采取了一系列的政策措施，例如：促进科技进步的一系列政策和措施，推进循环经济发展的一系列政策措施，包括取消出口退税和有选择地利用外资等一系列的对外经济政策，促进教育和人力资本开发的政策，推动经济结构升级和产业结构调整的产业政策，限制企业大量使用廉价劳动力的最低工资标准和实行新的劳动合同法等政策和法律措施，促进土地资源和水资源利用效率的一系列政策，以及促进节能减排的一系列政策措施等。尽管上述政策是以不同名义、通过不同部门制定和实施的，但本质上都与全市转变经济发展方式问题密切联系，成为推动大连转变经济发展方式的政策体系中的有机组成部分。

从当前新常态的视角来看，大连经济发展呈现出一系列重大而深刻的变化，经济再平衡态势显现：经济发展步入调整期，提质增效步伐加快；产业结构孕育新突破，服务经济比重提升；需求结构积极变化，消费拉动作用增强。

（1）经济发展进入中高速区间。国内经济增速换挡的普遍共性和东北经济转型迟滞的区域特性叠加，全市经济运行新常态的阶段性特征更加凸显，在新兴动力成长、转型升级优化的同时，经济下行压力持续加大，增长步入中高速区间。2014年，全市经济增长率为5.8%，同比回落3.2个百分点。伴随经济增速的持续调整，改革预留空间加大，经济运行质量得到改善。全市高新技术企业、技术先进型服务企业总数分别达到477家和112家。全年高新技术产业增加值2 783亿元人民币，比上年增长12%，占GDP的比重达到36.4%。全年新注册登记各类企业27 310户，注册资本（金）折合人民币1 333.4亿元，分别增长69.9%和112.8%。新引进世界500强投资项目6个，实际使用外资140亿美元，同比增长3%。

（2）产业结构升级向纵深演进。坚持转型升级和集约发展取向，经济在保持稳定增长的基础上，产业结构不断优化升级。第三产业占比稳步提升，产业结构正由工业主导向服务业主导转换，服务业对经济发展的作用不断凸显。2014年，三次产业增加值占GDP的比重由上年的6.0∶49.0∶45.0演变为5.8∶48.3∶45.9。全市第三产业增加值达到3 516.4亿元，同比增长6.9%，超过第二产业1.8个百分点，对经济发展的贡献率达到51.5%，超过第二产业5.8个百分点。第一产业构成比重逐年下降，而内部结构调整加快，现代农业快速发展。畜牧、水产、水果、蔬菜、花卉五大优势特色产业规模持续扩大，农业新品种、农业增产增效技术广泛推广，都市型农业示范区建设不断发展。第二产业以提高产业竞争力为核心，发挥比较优势，加大工业结构调整、改造和创新力度，步入新型工业化发展之路。2014年，第二产业实现增加值3 697.4亿元，增长5.1%。19个省重点产业集群销售收入全部超百亿元，其中超500亿元的有6个。第三产业构成比重不断提高，产业规模快速扩大，"三个中心"建设加快，对经济发展的支撑作用不断提升。"互联网+"持续发酵，个性化、定制性的新兴消费蓬勃发展。金融机构存贷款余额稳步增加，大连再生资源交易所、东北亚现货商品交易所等16家大宗商品电子商务平台快速崛起，总部经济、楼宇经济规模不断壮大，新兴服务业态不断出现。

（3）需求层面潜力在逐步释放。投资进入降速提质新阶段，带动效应和引领效应充分发挥。2014年，大连固定资产投资达到6 773.6亿元，同比增长4.6%，比上年同期回落10.6个百分点。三次产业投资构成比为3.4∶32.4∶64.2，第三产业继续成为投资的重点，几乎是第二产业投资额的2倍。节能降耗导向作用凸显，六大高耗能行业投资同比下降29.2%。消费规模稳步扩大，消费模式不断创新，消费形态积极拓展，消费需求正成为经济发展的重要支点。城乡居民人均可支配收入分别增长8.7%和9.7%，跑赢GDP和财政收入增速，为消费的平稳增长带来基础性支持。全年社会消费品零售总额2 828.4亿元，同比增长12%，增速虽然回落1.6个百分点，但结构升级的趋势明显，其中网络消费、文化消费以及汽车类消费等领域走势看好，旅游休闲、健康养老、文化娱乐和展览展示等新的消费热点不断显现。第三产业对接"一带一路"倡议，坚持进口替代与出口导向相结合，既依托自身产业体系，又对接国际市场，构建大开放新格局。自营进出口总额 645.8 亿美元，增长 7.1%（全口径下降 4.5%）。其中，进口 350.96 亿美元，增长 13.6%；出口 294.82 亿美元，增长 0.3%（全口径下降 19.8%）。非洲、中东、东欧等新兴市场得到拓展，进出口贸易增速分别达到 49.7%、29.7% 和 9.9%。

2.3 转变经济发展方式的意义

按照经济发展方式形成增长差异这一研究思路，特别是 2008 年金融危机发生之后，国内外学者结合当前中国发展过程遇到的发展动力下降、资源压力加大、环境破坏严重等问题，分别从不同角度对经济发展方式问题进行了探索研究，形成了大量研究成果。学者普遍认为实现经济发展方式的转变，可以提高经济运行质量、改善工业化道路的路径依赖、提高产品的国际竞争能力和实现科学发展等，更好地解决经济发展面临的矛盾和问题。但值得注意的是，从研究体系上看，目前的理论研究过多集中于突出转变经济发展方式的必要性以及如何转变经济发展方式的研究之中，对转变经济发展方式可能带来的一系列风险的研究则相对不足，而因经济发展方式转变所引发的经济失速、产业断层、"去工业陷阱"等风险问题已经在个别大城市和一定区域内出现，理论研究的滞后性问题已经显现。此外，关于宏观风险的相关理论研究还不够深入，特别是在风险评估、风险传导机制、控制风险等问题的研究上还未形成一定的理论体系和框架。从研究层面上看，目前关于转变经济发展方式的研究过多集中于国家层面，由于差异性的存在，对具体的城市和区域则指导性不强。大连作为全国十五个副省级城市之一，是东北地区区域性中心城市，位列全国三大经济发展极之一的环渤海经济圈内，有着特殊的城市定位和重要的研究价值。研究大连转变经济发展方式中的宏观风险问题，对于丰富经济发展理论，构建风险评估与控制理论体系，特别是推动区域经济理论发展具有十分重要的理论价值。

从1953年起开始大规模的工业化建设到现在，大连经济增长率（GDP增长率）始终保持了较高的速度，特别是改革开放后，大连经济持续了近30年的高速增长，但2008年全球金融危机之后，大连经济高速增长的势头便戛然而止。尽管此后大连市政府实施了一系列"保增长"的宏观经济政策，但经济似乎再也无法恢复原有的增长势头。特别是从2011年第二季度开始，经济发展速度连续不断下滑，2014年增速更是滑落至5.8%，即使在政府实施一系列"稳增长"的措施之后，经济增速的回升仍然有限。这种情况表明，大连经济再也无法维持原有的粗放型发展模式，转变经济发展方式已刻不容缓。政府"十二五"规划提出的实现生产总值翻番和城乡居民人均收入倍增的目标，实际上已经内置了转变经济发展方式这一战略举措，因为要实现"收入倍增"目标，首先就要转变经济发展方式。而转变经济发展方式过程中也会引发一系列的风险——产生不确定性，这些风险会通过企业、产业、地区进而传导到整个宏观经济。大连目前已经成为东北地区资源配置的高地和增长极，其经济发展对辽宁省、东北地区有着重要推动作用。从更大的区域来说，大连在环渤海、东北亚经济圈内地位也在不断提升，影响不断加深。大连转变经济发展方式质量的好坏，以及由此所产生的宏观风险高低，在整个区域内都将具有深远的影响。在当前全国"防风险、稳增长"，积极利用政策措施促进经济转型发展的大背景下，深入研究大连转变经济发展方式中的宏观风险问题，对于带动辽宁乃至整个区域经济发展方式的科学转变，保持区域经济稳定和健康发展，都具有十分重要的现实意义。

2.4　转变经济发展方式面临的风险

无论是理论界还是政府部门，无论是企业还是个人，都已经充分认识到转变经济发展方式的必要性，并且政府实施了一系列的推进措施，例如在至为关键的推动经济结构升级和产业结构调整的产业政策中，包括推进税收和收入改革，减轻企业生产经营负担，提高投资项目准入门槛，促进土地资源、矿产资源和水资源利用效率等。转变发展方式不可能一蹴而就，在逐步摒弃旧的发展方式，而新的发展方式尚未形成的空窗期，这些政策措施的实施，难免会带来一系列的风险，即产生不确定性：

经济增速下滑的风险。经济发展方式由粗放型向集约型转变，在宏观层面上要求产业转型、动力转型，即改变原有的传统发展路径，通过产业转换、动力转换，实现全新发展模式，在一定时期内将会逐步摒弃当前对经济增速拉动较大的动力要素和产业要素，导致经济增速周期性下滑。就大连而言，转变发展方式意味着将会改变经济发展模式中二产主导的产业发展模式，也意味着逐步打破过分依赖固定资产投资的投资拉动格局。在微观层次上，企业在进行成本转嫁时都需要考虑下游企业或消费者对其产品的需求价格弹性，而现实中绝大多数企业都无法做到成本的完全转嫁，因此在市场竞争中企业往往会减少产量，这就从微观上导致了经济发展速度的下滑。而且，转变经济发展方式过程中实施的政策，除了会导致相当一部分企业减少产量之外，还可能会采取更严厉的措施，例如直接对一些资源利用率低、环境污染严重的企业实行"关停并转"，这也将导致经济发展速度的下滑。向新发展阶段的转变虽然在理论上能够以一种平稳而渐进的方式进行，但相关城市的经验表明，以工业为主导产业的结构模式转型，常常会引起经济增速的大幅动荡。1991—1995年，深圳经济年均增长30.9%，但1996年推进经济转型[①]之后，经济增速不断回落，直到2003年才迎来周期性恢复。广州的增长模式在20世纪90年代也遇到了同样的问题。与这些地区相比，大连经济体量、服务区域和产业结构等方面还明显不足，面临的压力将更大。

---

① 指深圳的第三产业增加值占比超过第二产业增加值。

失业率上升的风险。大连在改革开放初期，由于采用了与自身要素禀赋相一致的向劳动密集型部门倾斜的增长策略，从而衍生出巨大的发展优势，但现在依赖于劳动密集型部门的增长期已经基本结束。变化的要素禀赋和竞争环境，正倒逼大连从劳动密集型模式向技术密集型模式转变。但短期内，无论是推进劳动密集型企业转型、污染型企业技术整改和产能过剩型企业整合淘汰等产业政策，还是改善初次收入分配格局、提高最低工资标准和实行严格的劳动合同等就业政策措施，都会在微观层面使企业生产成本上升，利润下降。由于企业短期内的固定要素难以调整，因此首先会考虑降低可变成本，社会就业需求将会总体下降，特别是初级就业岗位将大量减少，最终表现为失业人数的增加。从城镇来看，伴随着经济增速的回落，传统行业整体生产活跃度下降，而新兴产业接续能力有限，造成经济对劳动力的吸纳能力有所下降，社会就业压力不断加大。而且通用设备制造业、纺织服装、服饰业、家具制造业、橡胶和塑料制品业等面临淘汰产能、技术升级和产业转型任务较重的行业目前从业人数较高。当前部分农村从业人员在学历水平、技术能力等方面还很难适应市场需求，现有岗位主要集中在手工加工业、建筑业等行业，未来就业形势不容乐观。从产业来看，据测算，每一单位固定资本所吸纳的劳动力数量，劳动密集型的轻纺部门是资本密集型的重化工业部门的2.5倍，劳动密集型小企业是大企业的10倍以上。传统的劳动密集型产业如纺织服装、食品加工以及商贸服务业未来可能出现相对较大的投资萎缩，从而可能使这些部门的就业需求大大减弱。作为劳动密集型产业主体的大连第三产业发展还相对滞后，就业弹性较低，吸纳劳动力的能力也在不断降低。第三产业发展的滞后在加剧社会就业紧张的同时延缓了农村劳动力转移和城市化的进程。从区域来看，主城区主要发展总部经济、金融保险、软件和创意产业、科技服务、商贸流通、信息服务、旅游会展、文化休闲为主体的高端现代服务业，因此失业风险主要存在于传统服务业领域。在新市区，转变经济发展方式主要是工业企业的技术升级和设备更新，这需要与其配套的是高技能劳动力，失业风险主要存在于低技能的城镇职工中。黄海、渤海组团地区存在大量劳动密集型的中小民营企业，这些企业主要依赖于人力资本水平相对较低的廉价劳动力，产品主要是纺织品、服装、玩具等劳动密集型产品，转变发展方式意味着淘汰低效率的劳动密集型企业，失业人群主要是代表廉价劳动力的农村从业人员①。

出口下降的风险。大连作为一个沿海城市，出口在经济中的地位和作用日益重要，是保持经济持续稳定增长的重要因素。当前，大连的进出口产品结构不尽合理。在出口结构中，纺织服装、鞋、帽制造业，针织品、编织品及其制品制造业等低技能的劳动密集型部门位居前列。在出口产品中，中、低科技含量产品比重较大，出口贸易额接近一半是来自加工贸易，其中劳动密集型产品的出口比重较大，但增值率较低。目前服装、海产品、家具和塑料制品等低增加值产品占比接近40%。这类产品比重过大，不仅要承担出口退税，还隐性承担了社保、资源、环境等巨额成本。近年来，经济进口依存度也在提高，特别是科技、资源的进口依存日渐攀升。新能源汽车的核心材料、高档数控机床的数控系统、集成电路芯片、汽车制造关键设备等，长期依赖进口。这种"两头在外"的结构，加大了大连外贸经济的脆弱性。

财政减收的风险。为了转变经济发展方式，各种政策措施的实施都会对各级政府的财政收入产生影响，例如严格执行新的劳动合同法，促进土地资源和水资源利用效率，以及严格投资准入等一系列政策措施。这些措施的实行以产业转型为传导，推动粗放型企业在新的政策要求下进行技术、资本或模式等变动，部分企业将会在竞争市场中出现效益下降甚至关闭的情况，而这会直接导致政府税收的下降。税收是财政收入最重要的收入形式和最主要的收入来源，在税率既定的情况下，将导致政府税基缩小，因此，转变经济发展方式短期内或将导致财政收入下降。探究财政收入下降的原因，各区域并不完全相

---

① 2013年农村统计年报数据显示，黄海和渤海组团区农村从业人员占全市比重达到57.4%。

同。新市区财政收入下降主要是因为工业企业比重较大，转型过程中淘汰落后产能、企业重组、技术更新等带来的企业利润下降乃至倒闭等因素。对于主城区而言，财政收入下降中则包括了因为经济增速下降引发的消费市场低迷带来的商业企业利润下降。如果考虑到各地当前经济发展方式与"土地财政"和房地产业之间密切的联系，则转变发展方式对地方财政收入的影响就更大。

物价攀升的风险。转变经济发展方式的一个重要途径是通过提高能源和资源的价格，来提高能源和资源的利用效率，进而向集约型生产方式转变。目前大连经济中第二产业比重较高，其中又有相当一部分是能源和资源密集型企业。在全市经济结构中，工业能耗占全社会能耗的比重较大。能耗增长主要表现在石化、钢铁、水泥等行业。而在工业中，高技术含量、高附加值、低能耗的行业比重低，高能耗行业比重大，特别是高耗能的一般加工业比重偏大。据统计，2014年，全市石油加工，炼焦及核燃料加工，化学原料及化学制品制造，非金属矿物制品、黑色金属冶炼和压延加工，电力热力生产和供应，有色金属冶炼和压延加工这六大高耗能行业综合能源消费量占到全市规模以上工业企业总能耗的86.5%。能源（资源）价格的提高将对大连市直接和（或）间接使用各种能源（资源）的下游行业，如化学工业、金属矿采选业、金属冶炼及压延加工业等行业产生重要影响，企业生产成本将会上升，此时这些企业势必会将成本转嫁给下游企业或消费者，导致物价指数持续地整体上升，最终甚至可能会出现通货膨胀的风险。

2.5 需要说明的问题

首先，本书中所谓的风险是指不确定性。风险主要有两种定义：一种是泛指不确定性，另一种则强调损失的不确定性。本书所研究的风险是指由于转变经济发展方式而带来的不确定性，它属于第一种含义的风险。这种不确定性（或曰风险）表现为：（1）转变经济发展方式必然会使一些企业受损，但也有可能使另外一些企业获益，因为后者可以利用转变经济发展方式的机会而实现自身的发展，从而战胜竞争对手，所以转变经济发展方式具有受损企业的不确定性；（2）转变经济发展方式可能会使那些高能耗、高污染、高投入、低产出的产业受损，但也有可能催生一些新产业（这些企业是在粗放型的经济发展方式中不可能出现的，例如环保产业、促进能源和资源有效利用的产业），使这些产业受益，因而转变经济发展方式具有受损产业的某种不确定性；（3）转变经济发展方式会为一些地区提供机会，但会使另外一些地区受损，因而表现为受损地区的不确定性，即使是在同一个地区内部，情况也不相同；（4）转变经济发展方式会使一些宏观经济目标受损，例如会在一定时期内降低经济发展的目标，提高经济中的失业率，由成本上升推动通货膨胀，但也有可能会刺激经济中的新兴部门发展而增加就业，增加出口（攻破出口的绿色壁垒），因而表现为对实现宏观经济目标的不确定性；（5）转变经济发展方式总的来说在短期内损失大于收益，长期内则有可能收益大于损失，但长期收益受政策正确性、执行有力性的影响，因而也具有时间的不确定性。

其次，本书所涉及的宏观经济风险仅限于地区层次，而不直接涉及资本市场和具体企业。人们所说的宏观经济风险，通常具有两个方面的含义：（1）对资本市场而言，宏观经济风险一般是指由于宏观经济因素的变化、经济政策的变化、经济的周期性波动以及国际经济的变化而给投资者可能带来的意外收益或损失。影响资本市场的主要是市场风险，但宏观经济因素的变动确实也会给证券市场的运作以及股份制企业的经营带来重大影响，如经济体制的转轨、企业制度的改革、加入世界贸易组织、人民币的自由兑换等等。（2）对整个国民经济而言，宏观经济风险一般应指由于采取某项重要政策、实施某项重大变革、国际环境发生变化等因素对一个国家、一个地区、主要产业或总体经济所带来的不确定性，这种不确定性可能有损失也有获益，有现实也有潜在，有短期也有长期，可从静态来看也可从动态来看，它体现在全国，也体现在地区。但无论如何，这种宏观经济风险有别于市场风险，也有别于政治风险和社会风险，本书所研究的就是第二种含义的风险。

最后，本书强调的是转变经济发展方式过程中，政府已经和将要采取的政策所带来的宏观经济风险。转变经济发展方式的路径和政策不同，对宏观经济所带来的风险也必然不同。本书以大连在落实科学发展、实现可持续经济发展、建立节约型社会中已经或即将采取的政策为依据，研究地方政府的政策选择种类、政策组合方式及政策作用力度对地区所产生的不确定性。显然，当大连的经济发展方式由粗放型转变为集约型，由只重视增长速度转变为更重视质量和效益，由主要靠大量消耗能源原材料、利用低素质的劳动力转变为主要依靠科学技术来实现有效率的经济发展时，这种不确定性便消除了，因而它是特定的转变经济发展方式过程中的宏观经济风险。

3　转变经济发展方式的差异性评价

3.1　产业发展效率的评价

3.1.1　理论基础

（1）研究体系

Petty（1672）在他的著作《政治算术》中最早提出了产业发展的基本思想，指出不同产业之间存在明显的收入差异，并将这种差异与劳动力结构联系起来。在此基础上，学者们主要围绕产业结构、产业效率两个方向展开理论和实证研究。其中，Colin Clark，Lewis，Fei and Ranis 等学者是产业结构研究的代表。Colin Clark（1940）通过对40多个国家和地区不同时期三次产业劳动投入和总产出资料的整理和比较，提出了著名的配第–克拉克定理，阐述了在不同经济发展阶段各个产业的不同表现以及劳动力数量随着经济发展在各个产业中的流动和配置规律，为全面研究产业发展奠定了良好的理论基础，为后续研究开创了一个全新的视角。Lewis（1954）提出二元结构转变理论，认为发展中国家的经济是二元经济，即存在以传统农业部门为代表的强大非资本主义部门和以现代工业部门为代表的弱小资本主义部门，传统农业部门存在着无限的劳动供给。Fei and Ranis（1963）进一步发展了 Lewis 的研究成果，把二元结构分成三个阶段：第一阶段与刘易斯模式基本相同，农业部门存在隐性失业，劳动边际生产力为零或接近为零，劳动力供给弹性无限大；第二、三阶段，农业部门逐渐出现剩余产品，可以满足非农业生产部门的消费，从而有助于劳动力由农业向工业的转移。相比较于产业结构的研究，Kuznets，Chenery，赤松要等学者的研究更加侧重于产业发展与经济发展、产业结构国际化等发展效率问题。Kuznets（1967）对多国劳动力结构部门产值结构以及人均产值与结构变动的关系、总量增长与结构变化的一般关系等进行了深入的考察研究，认为在现代经济发展过程中，任何国家的经济结构都在变动，影响结构变动的因素主要有三个方面，即国内需求结构、对外贸易结构和生产技术水平。Chenery（1979）发展了柯布-道格拉斯生产函数，进而验证了经济结构转变同经济发展之间有密切的关联，经济结构的变化，特别是非均衡条件下的结构转变能够加速经济发展。日本经济学家赤松要（1935）提出了产业发展的"雁行形态理论"，认为多个产业具有这种转变模式，由最初的消费资料逐步转向生产资料，或由轻工业产品转向重化工业产品。他基于这样的发展过程，主张本国的产业发展要与国际市场紧密地结合起来，使产业结构国际化。

相比较国外的研究成果，我国学者主要围绕比较优势、区域竞争和产业政策等问题展开研究。周叔莲（1990）结合我国实际，进行了区域产业结构优化、区域产业政策和主导产业选择的研究。郭万清（1992）探讨了中国各地区的相对比较优势，将中国划分为不同的经济区域，并提出了根据其优势发展各地区的产业分工布局，这是较早研究区域产业结构的成果。还有部分学者将理论研究与实证分析结合起来，徐建中、刘希宋、张德明（2002）建立了城市经济可持续发展的指标体系，运用主成分分析法对35个城市进行了综合打分，并用聚类分析的方法将这些城市分为五个大类，对每一类型城市分别提出经济可持续发展的策略。臧淑英、智瑞芝、孙学孟（2006）设计了基于生态足迹模型的城市可持续发展的定量分析模型，以大庆市做实证分析，提出了对大庆市在生态环境、土地利用、生态结构等方面的改进建议。

（2）产业发展模式选择

延伸模式，即在现有产业基础上，发展下游加工业，建立起深度加工和利用的产业群。中间投入型基础产业的关联特点是前向关联效应大，后向关联效应小。产业延伸模式利用这一特点向前延伸产业链，其优点是在转型初期能够充分利用本地的资源优势，同时上下游产业在生产、管理和技术方面具有明显的相关性，实施转型难度较小。随着下游企业和配套服务企业的数量不断增长，大量与生产经营相关联的企业在一定空间内的集聚所带来的专业化生产、低运输成本、低交易费用、便捷的沟通和配套服务将有利于产生集聚经济。

更替模式，即利用前期产业发展所积累的资金、技术和人才，或借助外部力量，建立起基本不依赖原有资源的全新产业群，把从事原产业的人员转移到新兴的产业上来，法国洛林区就是产业更替的成功案例。产业更替模式是最彻底的产业转型模式，它改变原有发展路径，因此可能摆脱原有产业模式效率不断降低的宿命。但真正实践产业更替模式的城市很少，因为这种模式的成本高、风险大。黑龙江省鸡西市在20世纪80年代初就进行过"弃煤转轻"的更替模式试验，照搬外地经验办家电、办轻纺，结果因为缺乏人才、技术和原料等支撑，最终以失败而告终。

复合模式，指以上两种模式的复合，通常是在转型初期进行产业延伸，城市主导产业逐步由原有产业向上下游产业链延伸；随着产业链条的完善，接续产业规模的不断壮大，落后产业将不断淘汰或转移，城市逐步演化为综合性城市。通过复合模式获得持久生命力的例子是美国休斯敦。休斯敦所在的得克萨斯油田1901年被发现，之后伴随着石油开采，休斯敦迅速由一个小镇成长为一座新兴城市。在石油开采初期，休斯敦就建立了结构合理、高度完善的石油产业下游产业群。伴随着石油化工业的兴起，为其配套的机械、钢铁、水泥、电力、造纸、交通运输和通信各个产业发展起来。1962年，美国国家航空航天局在休斯敦建立了宇航中心，休斯敦又抓住这一机遇发展起了电子、精密仪器等行业，第三产业也迅速发展起来。这样，休斯敦成功进行了由产业延伸向产业替代的转变，这种转变长久地维持了休斯敦的经济繁荣，整个城市也转变为综合性城市。

3.1.2 大连产业发展现状

（1）结构升级向纵深演进。大连坚持转型升级和集约发展取向，在保持经济稳定增长的基础上，产业结构得到不断优化升级。2014年三次产业增加值占GDP的比重由2009年的7.2∶48.9∶43.9演变为5.8∶48.3∶45.9。第一产业构成比重逐年下降，内部结构调整加快，现代农业快速发展。畜牧、水产、水果、蔬菜、花卉五大优势特色产业规模持续扩大，农业新品种、农业增产增效技术得到推广，都市型农业示范区建设不断发展。第二产业以提高产业竞争力为核心，发挥比较优势，加大工业结构调整、改造和创新力度，坚持走新型工业化发展之路。2014年实现增加值3 697.4亿元，按现价计算（下同）是2009年的1.7倍。全市高新技术企业、技术先进型服务企业总数分别达到477家和112家。全年高新技术产业增加值2 783亿元，是2009年的2.6倍，占GDP比重达到36.4%。第三产业规模快速扩大，构成比重不断提高，"三个中心"建设加快。2014年，全市沿海港口货物吞吐量、集装箱吞吐量分别是2009年的1.6倍和2.2倍。区域性金融中心建设成果显著，金融机构存贷款余额稳步增加，第5期《中国金融中心指数报告》显示，大连金融综合竞争力位列全国第十位、副省级城市第六位、东北地区首位。

（2）传统优势产业实力增强。近年来，大连立足自身产业实际，加快传统产业的升级步伐，延伸产业链条，发展精深加工和终端产品，优势产业实力不断增强。在农产品加工业方面，做强做大海产品和畜禽产品加工产业链，建立了以獐子岛渔业、善岛食品、棒棰岛海产、壹桥种苗等为龙头的水产种苗繁育和加工企业群，以础明集团、韩伟集团、大成食品、龙城食品、雪龙牧业为核心的禽畜养殖和加工企业群；形成了一批在国内外市场具有较强竞争力的优势产品，建成了全国重要的农产品加工业基地。在石化产业方面，以西太平洋、大连石化、福佳大化、逸盛大化和恒力石化等骨干企业为依托，以大孤山临港石化产业园区、松木岛化工园区和西中岛石化产业园区为平台，推进装置大型化、炼化一体化、产品精细化，逐步建设成为世界级石化产业基地。在装备制造业方面，大力发展核电风电装备、大功率传动内燃机车、数控机床、大型石化装备、重大装备轴承等成套设备，提高了轴承、数控机床和基础件、工具的制造水平，建设大连湾临港装备制造业聚集区等具有世界水平的先进装备制造业基地。以奇瑞、曙光汽车为重点，着力发展以出口为主导的汽车及零配件产业，建成了整车及零配件专业化、规模化生产制造体系。在电子信息业方面，重点发展集成电路、半导体照明、数字视听等高技术产业。大连已成为世界上最大的录像机视音频磁头和磁鼓组件、激光打印机暗盒生产基地。大显、华录、大连辽无二电器有限公司等三大企业集团成为全国电子百强企业。

（3）产业集聚程度稳步提升。大连产业集群发展已初具规模，行业分布广泛，集聚度不断提高。19个重点产业集群，销售收入全部超百亿元，其中3个超千亿元。长兴岛石化产业基地纳入国家石化产业规划布局，炼化一体化项目有序推进。东风日产汽车、比亚迪电动客车整车下线，汽车及零部件产业集群实现快速发展。智能装备、新能源、新材料等9个重点产业蓬勃发展。旅顺南路软件产业带、大连金融服务区、星海湾金融商务集聚区、金渤海岸现代服务业发展区、大连（西岗）现代服务业聚集区、大连青泥洼-天津街商贸流通聚集区等相继晋级为辽宁省现代服务业聚集区。

3.1.3　产业发展效率评价

对产业转型整体效果的评价，需要监测转型过程中城市各产业发展状况及趋势，及时了解产业结构调整是否向优化的方向发展，向各产业进行的投资是否有效。政府可以据此制定或调整产业政策，更加科学地将人力、资金和技术等资源在各产业间进行合理分配。下面我们将采用超效率DEA方法对大连产业发展状况进行评价。

（1）超效率 DEA 评价模式

数据包络分析（简称DEA）是由美国著名运筹学家查恩斯（A. Charnes）和库帕（W.Cooper）等以相对有效性概念为基础发展起来的一种效果评价方法。DEA 方法以实际的观测值做包络，使用数学规划模型对某个决策单元（Decision Making Unit，简称 DMU）进行数据分析，比较决策单元之间的相对效率，来判断其是否有效，从而对决策单元做出评价。DEA方法突出的优点是可以用于多个同质决策单元的相对效率评价，特别是对多投入、多产出的复杂系统的效率评价。

设有 n 个 DMU，每个 DMU 都有 m 种输出，如表 3-1 所示：x_{ij} 为 DMU_j 对第 i 种输入的投入量（$1 \leq j \leq n$）；y_{kj} 为 DMU_j 对第 k 种输出的产出量；v_i 为对第 i 种输入的一种度量（"权"）；u_k 为对第 k 种输出的一种度量（"权"）（j=1，2，…，n；i=1，2，…，m；k=1，2，…，s），而且有：$x_{ij} > 0$，$y_{ij} > 0$，$v_i \geq 0$，$u_k \geq 0$。

表 3-1　　　　　决策单元的输入、输出

	DMU_1	DMU_2	$\cdots$	DMU_n	
$v_1 1\to$	x_{11}	x_{12}	$\cdots$	x_{1n}	
$v_2 2\to$	x_{21}	x_{22}	$\cdots$	x_{2n}	
	$\vdots$	$\vdots$	$\cdots$	$\vdots$	
$v_m m\to$	x_{m1}	x_{m2}	$\cdots$	x_{mn}	
	y_{11}	y_{12}	$\cdots$	y_{1n}	$\to 1 u_1$
	y_{21}	y_{22}	$\cdots$	y_{2n}	$\to 2 u_2$
	$\vdots$	$\vdots$	$\cdots$	$\vdots$	
	y_{s1}	y_{s2}	$\cdots$	y_{sn}	$\to s u_s$

记 DMU_j 的输入、输出量分别为：

$$X_j = (x_{1j}, x_{2j}, \cdots, x_{mj})^T > 0 \quad (j=1, 2, \cdots, m)$$

$$Y_j = (y_{1j}, y_{2j}, \cdots, y_{sj})^T > 0 \quad (j=1, 2, \cdots, s)$$

对应于权系数 $v = (v_1, v_2, \cdots, v_m)^T$，$U = (u_1, u_2, \cdots, u_s)^T$，称

$$h_j = \frac{u^T Y_j}{v^T X_j} = \frac{\sum\limits_{k=1}^{s} u_k y_{kj}}{\sum\limits_{i=1}^{m} v_i x_{ij}} \quad (j=1, 2, \cdots, n) \tag{3-1}$$

为第 j 个决策单元 DMU_j 的效率评价指数，可以适当地取 u 和 v，使 $h_j \leqslant 1$（$j=1, 2, \cdots, n$）。

现在对第 j_0 个决策单元 DMU_k（$1 \leqslant j_0 \leqslant n$）进行评价，选择 u 和 v，使 h_{j0} 最大。于是，构成下列的分式规划：

$$(p) \begin{cases} \max \dfrac{\sum\limits_{k=1}^{s} u_k y_{kj0}}{\sum\limits_{i=1}^{m} v_i y_{ij0}} = v_{\bar{p}} \\[6mm] s.t. \dfrac{\sum\limits_{k=1}^{s} u_k y_{kj}}{\sum\limits_{i=1}^{m} v_i x_{ij}} \leqslant 1, j = 1,2,\cdots,n \\[6mm] u_k \geqslant 0, k = 1,2,\cdots,s \\ v_i \geqslant 0, i = 1,2,\cdots,m \end{cases} \tag{3-2}$$

利用 Charnes-Cooper 变换，令：

$$\begin{cases} t = \dfrac{1}{v^T X_{j0}} \\[3mm] w = tv \\ \mu = tu \end{cases}$$

则原分式规划转化为：

$$(p_1) \begin{cases} \max \mu^T Y_{j0} = v_{p1} \\ s.t. \omega^T X_{j0} - \mu^T Y_{j0} \geqslant 0 \ (j = 1,2,\cdots,n) \\ \omega^T X_{j0} = 1 \\ \omega^T \geqslant 0, \mu \geqslant 0 \end{cases} \tag{3-3}$$

$$(D_1) \begin{cases} \min \theta = v_{D_1} \\ s.t. \sum_{j=1}^{n} X_j \lambda_j \leq \theta X_{j0} \\ \sum_{j=1}^{n} Y_j \lambda_j \leq Y_{j0} \\ \lambda_j \geq 0 \ (j = 1, 2, \cdots, n) \end{cases} \tag{3-4}$$

其中，D_1 为线性规划问题 p_1 的对偶规划问题，λ_j 为相对于 DMU_{j0} 重新构造一个有效 DMU 的组合中第 j 个决策单元 DMU_j 的组合比例。

传统的 CCR 模型将决策单元分为有效和无效两大类，对于所有的有效单元，因其评价值都为 1 而无法比较其相对效率。改进的超效率 DEA 则允许其评价值大于 1，进而可以比较所有决策单元的相对效率，使结果区别度提高。

为了说明相对效率评价的简单思路，如图 3-1 所示，假设有 A、B、C、D、M 五个两种投入和一种产出的决策单元，其中 A、B、C、D 为有效率的单元，它们构成生产前沿面 $ABCD$，M 为无效率的单元，它被生产前沿面 $ABCD$ 所包络。设 B_1、M_1 分别为 OB、OM 在生产前沿面 $ABCD$ 上的交点，则 M 的效率值为：$TE_M = OM_1/OM < 1$，而处在生产前沿面上的 B 点，其效率值为：$TE_B = OB_1/OB = 1$，从而，有效率的决策单元的评价值等于 1，而无效率的决策单元的评价值小于 1。

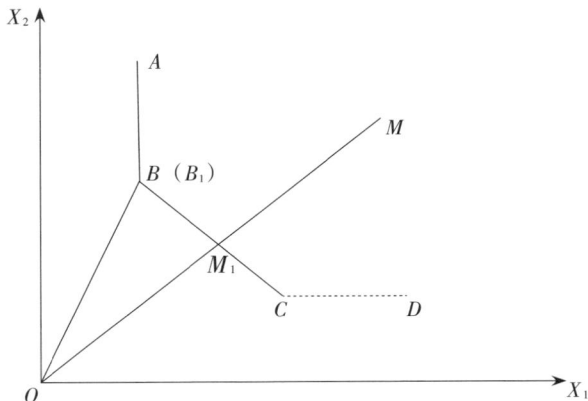

图 3-1　DEA评价示意图

用上述对偶规划模型得出的 θ 值即第 j_0 个被考察单元的总效率，而根据 θ 值等于或小于 1 可将决策单元分为有效和无效两类。

DEA 的 CCR 模型将决策单元分为两类：有效和无效，而对于多个同时有效的决策单元则无法再做出进一步的评价与比较。DEA 的改进模型——超效率 DEA 则弥补了这一缺陷，使有效的决策单元之间也能进行比较。其基本思想是：在评价某个决策单元时，将其排除在决策单元的集合之外。

如图 3-2 所示，我们在计算 B 点的效率值时，将其排除在决策单元的参考集之外，则有效生产前沿面就由 $ABCD$ 变为 ACD，B 点的效率值变为：$TE_B = OB_1/OB > 1$，而原来就是 DEA 无效的 M 点，其生产前沿面仍然是 $ABCD$，评价值与 CCR 模型一致，仍为 $TE_M = OM_1/OM < 1$，用模型表示为：

$$\min \theta = v_{D_1}$$

$$(CCR)\ s.t. \begin{cases} \sum\limits_{\substack{j=1 \\ j \neq j_0}}^{n} X_j \lambda_j \leq \theta X_{j0} \\ \sum\limits_{\substack{j=1 \\ j \neq j_0}}^{n} Y_j \lambda_j \geq Y_{j0} \\ \lambda_j \geq 0, j = 1, \cdots, n \end{cases} \qquad (3-5)$$

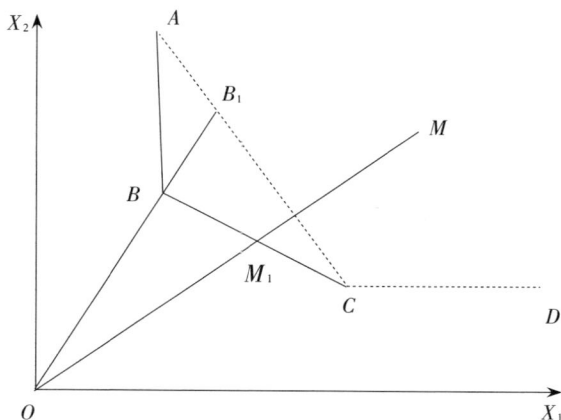

图 3-2 超效率 DEA 评价示意图

该式与（3-4）式的区别在于生产可能集（约束条件）没有包括被评价单元j_0，即在评价j_0时，将其与其他决策单元的线性组合做比较，而不包括j_0本身，结果是有效的DMU有可能按比例增加投入，而仍保持其相对有效性。

（2）评价产业及指标的选择

对于评价产业的选择，我们立足于大连发展实际，坚持代表性、方向性和操作性原则，侧重于对二、三产业中主导行业的研究。相关数据指标以大连市2007年、2012年投入产出表相关数据为基础，结合《2008年大连统计年鉴》和《2013年大连统计年鉴》，对各个产业部门，选取能反映各行业生产、经营综合效率的指标，建立如下指标体系：

投入指标：①固定资产投资；②中间投入。

产出指标：①总产值；②利税总额。

根据投入产出调查的实际，我们选择2007年和2012年数据进行分析，主要是基于如下考虑：一是阶段性。2007年是东北老工业基地振兴战略启动年，并且2010年大连颁布实施了《大连市"十二五"发展规划》，以此为节点，更能体现产业发展变化的实际特点，比较两项政策实施后的初步成效，为大连市修正、调整转型规划和产业政策提供依据。二是支撑性。2007年和2012年是投入产出调查年，主要数据指标全面，可操作性强，对于实证分析能够提供可靠的支撑。

我们对数据指标进行相应的采集、处理，根据DEA方法的相关要求，剔除部分行业指标是负值的项，最终确定的研究对象为大连市产业体系下的6个主导行业门类（装备制造业、农产品加工业、电子信息业、石化产业、传统服务业、现代服务业）[①]，具体涉及以下33个具体行业大类：金属制品业，通用设备制造业，专用设备制造业，汽车制造业，铁路、船舶、航空航天和其他运输设备制造业，电气机械和器材制造业，农副食品加工业，医药制造业，食品制造业，酒、

---

① 在统计行业划分中，电子信息业属于装备制造业范畴，但本课题为了研究大连具体行业需要，将其单独列为一个行业门类。

饮料和精致茶制造业，纺织服装、服饰业，皮革、毛皮、羽毛及其制品和制鞋业，木材加工和木、竹、藤、棕、草制品业，家具制造业，造纸和纸制品业，印刷和记录媒介复制业，文教、工美、体育和娱乐用品制造业，计算机、通信和其他电子设备制造业，仪器仪表制造业，石油加工、炼焦和核燃料加工业，化学原料和化学制品制造业，化学纤维制造业，橡胶和塑料制品业，批发和零售业，航空运输业，装卸搬运和运输代理业，餐饮业，软件和信息技术服务业，金融业，房地产业，租赁和商务服务业，科学研究、技术服务业，文化体育和娱乐业。原始数据见附表1、附表2。

（3）产业发展效率分析

我们运用超效率 DEA 的 EMS 软件计算大连市各产业 2007 年和 2012 年的相对效率评价值，每年单独计算，评价结果见表 3-2：

表 3-2 　　　　　　**大连市相关产业发展效率评价表（1）**

行业	门类	2007 年	2012 年
装备制造业	金属制品业	1.87	2.01
	通用设备制造业	2.71	3.75
	专用设备制造业	3.23	3.15
	汽车制造业	2.30	2.54
	铁路、船舶、航空航天和其他运输设备制造业	0.74	0.87
	电气机械和器材制造业	1.54	1.76
农产品加工业	农副食品加工业	2.05	3.06
	医药制造业	1.34	1.45
	食品制造业	0.87	0.97
	酒、饮料和精制茶制造业	1.20	1.54
	纺织服装、服饰业	1.27	1.45
	皮革、毛皮、羽毛及其制品和制鞋业	1.07	0.97
	木材加工和木、竹、藤、棕、草制品业	1.29	1.21
	家具制造业	1.31	0.89
	造纸和纸制品业	1.04	1.32
	印刷和记录媒介复制业	0.48	0.25

行业	门类	2007 年	2012 年
电子信息业	文教、工美、体育和娱乐用品制造业	0.56	0.37
	计算机、通信和其他电子设备制造业	1.86	2.31
	仪器仪表制造业	0.76	0.64
石化产业	石油加工、炼焦和核燃料加工业	2.31	4.37
	化学原料和化学制品制造业	2.47	3.12
	化学纤维制造业	1.05	1.03
	橡胶和塑料制品业	1.43	1.50
传统服务业	批发和零售业	2.15	2.08
	航空运输业	0.79	1.13
	装卸搬运和运输代理业	1.08	1.17
	餐饮业	1.20	0.58
现代服务业	软件和信息技术服务业	1.31	1.34
	金融业	1.65	1.83
	房地产业	1.47	1.30
	租赁和商务服务业	1.17	1.67
	科学研究、技术服务业	1.18	1.55
	文化体育和娱乐业	0.51	0.65
第一产业		1.34	1.85
第二产业		2.75	3.19
第三产业		1.96	2.07

从表 3-2 的计算结果中，可知：

大连产业转型发展总体处于良好的发展态势之下，2007 年、2012 年两年中，三次产业发展效率 DEA 全部大于 1，第二产业有效值明显高于第一产业和第三产业，说明第二产业在全市产业发展体系中仍然占据核心地位。分行业看，四大优势产业（装备制造业、农产品加工业、电子信息业、石化产业）、传统服务业和现代服务业两年间 DEA 总体有效。分门类看，装备制造业中的通用设备制造业、专用设备制造业和石化产业中的石油加工、炼焦和核燃料加工业，化学原料和化学制品制造业连续两年为 DEA 有效，相对有效值始终处于前四位，与其他产业有较大差距，说明装备制造业和石化产业在全市产业发展中的优势地位没有改变。汽车制造业连续两年 DEA 有效值也分别达到 2.30 和 2.54，说明装备制造产业链延伸成果显著，再考虑到该产业的投资不断加大，以及未来大项目的不断推进，该产业的发展可能继续保持强势；化学纤维制造业，橡胶和塑料制品业同样两年 DEA 保持有效，但有效值不高，说明石化产业链延伸初见成果，但还停留在资源粗加工环节，下游高附加值的精细化工产业未能有效发展起来。

农产品加工业中除食品制造业，印刷和记录媒介复制业，文教、工美、体育和娱乐用品制造业连续两年相对无效外，其他八个门类连续两年效率值有效。其中农副食品加工业有效值排名靠前，表明全市以水产品、畜产品和果蔬为主的农副产品加工体系已经基本建成。

电子信息业的两个产业门类中，计算机、通信和其他电子设备制造业两年始终有效，并且有效值分别为 1.86 和 2.31；而仪器仪表制造业连续两年无效。这表明全市电子信息业主要集中在产业链的下游，软件外包与业务流程外包业务仍占主要地位，行业整体科技创新能力不足、自主品牌较少、核心竞争能力偏弱。

服务业发展效率基本有效。其中传统服务业中批发和零售业连续两年有效，并且有效值分别达到 2.15 和 2.08；现代服务业中除去文化体育和娱乐业外，其他门类均连续两年有效。这表明在服务行业中以批发零售业为代表的传统服务业比重仍然很大，现代服务业正处于快速发展阶段，伴随着产业政策扶植，未来将有更快更好的发展空间。

从表 3-2 的效率评价值结果看，产业效率值在两年间可能上升或下降，但不能认为效率值上升的产业的经济发展状况必然向好，因为各产业的效率值是各年份内产业间比较后的相对结果，即"横"向评价结果。因此，为了评估各产业自身在时间维度上的变化，我们将之前每年的 DMU 单元单独评价改为将两年数据放在一起组成一个 DMU 的参考集再次评价，将属于每个产业的 DMU 评价值列出，进行进一步分析，结果见表 3-3。

表 3-3　　　　　　　大连市相关产业发展效率评价表（2）

行业	门类	2007年	2012年
装备制造业	金属制品业	1.21	1.45
	通用设备制造业	1.34	1.65
	专用设备制造业	0.82	1.10
	汽车制造业	1.25	1.31
	铁路、船舶、航空航天和其他运输设备制造业	0.77	0.65
	电气机械和器材制造业	1.21	0.88
农产品加工业	农副食品加工业	1.30	1.35
	医药制造业	1.03	1.05
	食品制造业	0.78	1.14
	酒、饮料和精制茶制造业	0.80	0.75
	纺织服装、服饰业	0.67	1.04
	皮革、毛皮、羽毛及其制品和制鞋业	0.54	0.47
	木材加工和木、竹、藤、棕、草制品业	0.87	0.65
	家具制造业	0.75	0.56
	造纸和纸制品业	0.56	1.03
	印刷和记录媒介复制业	0.47	0.49
	文教、工美、体育和娱乐用品制造业	0.48	0.55
电子信息业	计算机、通信和其他电子设备制造业	1.13	1.07
	仪器仪表制造业	0.79	0.68
石化产业	石油加工、炼焦和核燃料加工业	1.74	1.81
	化学原料和化学制品制造业	1.68	1.75
	化学纤维制造业	0.68	0.84
	橡胶和塑料制品业	0.84	0.91
传统服务业	批发和零售业	1.45	1.43
	航空运输业	0.86	1.05
	装卸搬运和运输代理业	0.78	0.67
	餐饮业	0.67	0.59
现代服务业	软件和信息技术服务业	0.79	0.82
	金融业	1.35	1.38
	房地产业	1.31	1.24
	租赁和商务服务业	1.20	1.26
	科学研究、技术服务业	1.13	1.22
	文化体育和娱乐业	0.54	0.48
第一产业		1.17	1.28
第二产业		1.67	1.89
第三产业		1.21	1.33

从表3-3的计算结果中，比较2007年和2012年效率值可以看出，三次产业发展效率均有所提升，其中第一产业提高0.11，第二产业提高0.22，第三产业提高0.12，第二产业效率提高幅度较大，说明作为全市产业主体的第二产业在转型发展中正经历深刻的变化。分行业看，33个门类中的21个门类效率值提升，占比为63.6%；四大优势产业的23个门类中，15个门类的效率提升，占比为65.2%；装备制造业中代表先进制造业发展方向的金属制品业、通用设备制造业、专用设备制造业和汽车制造业发展效率明显提升；电子信息业转型发展效率不断降低，表明全市电子产业的竞争优势正在逐渐丧失；石化产业作为全市经济发展的支柱行业，效率值提高，表明转型发展质量不断提升；农产品加工业受环保指标、能源指标约束，家具制造业，造纸和纸制品业，皮革、毛皮、羽毛及其制品和制鞋业等行业发展受限，效率指标下降，投入产出水平不断降低；服务业中，相比传统服务业，现代服务业发展效率总体提升，但受制于规模、资金、人才等，需要在未来进一步加大扶持力度。

3.2 区域发展方式的差异性评价

在众多学者研究的基础上，本书以大连14个区、市、县作为研究样本和评价对象，运用因子分析方法对各个地区经济发展方式转变进行综合评价和比较分析。

3.2.1 指标体系的构建

遵循指标体系建立的科学性、全面性、层次性、针对性以及可操作性原则，综合考虑指标数据的可获取性，在参阅相关经济发展方式转变测评研究成果的基础上，以经济发展方式转变的内涵为依据，从经济活动基础、科技创新驱动、资源与环境约束等方面经过多次甄别与筛选，我们最终确定了由地区生产总值（万元）、第三产业增加值

（万元）、社会消费品零售总额（万元）、固定资产投资总额（万元）、实际利用外资总额（万美元）、战略新兴产业增加值占GDP比重（%）、规模以上工业企业R&D经费支出占主营业务收入的比重（%）、高技术产品出口额占出口总额比重（%）、万元GDP电耗（度／万元）、规模以上工业综合能源消费量（万吨标准煤）、城区绿化覆盖率（%）、财政环保支出占财政支出比重（%）共12个指标组成的评价指标体系。上述指标中存在万元GDP电耗（度／万元）、规模以上工业综合能源消费量（万吨标准煤）等逆指标，故对其进行正指标化处理，正指标化处理公式为：

$$\chi_i = \frac{\max \chi - \chi_i}{\max \chi - \min \chi}$$

3.2.2 因子分析

因子分析是研究如何以较少的综合指标分别综合存在于各指标中的各类信息，而综合指标之间彼此不相关，即各指标代表的信息不重叠。其适用性检验可以通过KMO检验值和Bartlett球形检验加以判定。一般认为，KMO大于0.7以上时，采用因子分析效果较好。经检验，KMO检验值为0.813>0.7，适合做因子分析；Bartlett球形检验观测值为487.232，P=0.000<0.05，也顺利通过检验。运用SPSS18.0软件对样本数据进行因子分析，可得到上述12个指标旋转后的因子载荷阵、特征值、贡献率、累计方差贡献率（见表3-4）。3个主因子特征值的累计方差贡献率为84.568%，说明3个主因子基本包括了12个指标的总信息量。

第一主因子在χ_1、χ_2、χ_3、χ_4、χ_5上有高载荷，并从不同侧面反映了经济活动基础环境以及产出总量水平状况，故称之为经济活动基础及产出总量因子；第二主因子在χ_6、χ_7、χ_8上有高载荷，反映了科技创新的投入强度及产出效率，故称之为科技创新投入强度及产出效率因子；第三主因子在χ_9、χ_{10}、χ_{11}、χ_{12}上有高载荷，反映了资源利用与环境治理的情况，故称之为资源利用效率与环境治理绩效因子。

表 3-4　　旋转后因子载荷阵、特征值、贡献率、累计方差贡献率

指标	第一因子	第二因子	第三因子
χ_1：地区生产总值（万元）	0.951	0.145	0.183
χ_2：第三产业增加值（万元）	0.941	0.139	0.201
χ_3：社会消费品零售总额（万元）	0.930	0.314	0.137
χ_2：固定资产投资总额（万元）	0.927	0.286	0.175
χ_5：实际利用外资总额（万美元）	0.815	0.309	0.145
χ_6：战略新兴产业增加值占 GDP 比重（%）	0.267	0.948	0.135
χ_7：规模以上工业企业 R&D 经费支出占主营业务收入的比重（%）	0.187	0.933	0.024
χ_8：高技术产品出口额占出口总额比重（%）	0.165	0.788	0.235
χ_9：万元 GDP 电耗（度／万元）	0.231	0.656	0.166
χ_{10}：规模以上工业综合能源消费量（万吨标准煤）	0.133	0.106	0.932
χ_{21}：城区绿化覆盖率（%）	0.298	0.355	0.635
χ_{12}：财政环保支出占财政支出比重（%）	0.187	0.433	0.682
特征值	5.412	4.365	1.876
贡献率	37.765	30.323	17.545
累计方差贡献率	37.857	66.452	84.568

以各主因子特征值对总信息量的贡献率为权数计算综合因子得分来对各个地区经济发展方式转变进行综合测评，其公式为：$z=F_1 \times 0.37857+F_2 \times 0.30323+F_3 \times 0.17545$。各主因子及综合因子的得分和排序如表 3-5 所示。

表 3-5　　　　　　　　主因子得分、综合因子得分及排序

地区	F_1		F_2		F_3		z	
	得分	名次	得分	名次	得分	名次	得分	名次
主城区	3.753	1	1.879	1	1.012	2	1.755	1
新市区	2.525	2	1.452	2	0.785	3	1.034	2
渤海组团区	1.077	3	0.785	3	0.544	4	0.710	4
黄海组团区	0.912	4	0.454	4	1.154	1	0.765	3

　　第一主因子——经济活动基础及产出总量因子，四大组团区排名分别为主城区、新市区、渤海组团区和黄海组团区。该因子得分大致与大连目前总体经济发展水平的地域分布相匹配，主城区明显领先于渤海、黄海组团区，且各个区域之间存在较大差距。这反映了大连经济发展战略布局对区域经济发展有着重大影响，而各个地区经济综合实力的悬殊差距势必决定了区域经济发展方式转变步调的不一致。要协调区域经济发展，就必须充分利用政府这只"看得见的手"在资源配置中的引导和调控作用以及充分发挥市场这只"看不见的手"在资源配置中的杠杆作用。

　　第二主因子——科技创新投入强度及产出效率因子，排序分别为主城区、新市区、渤海组团区和黄海组团区，其中主城区仍然在科技创新方面排在前列。主城区的经济基础好，还拥有高新园区这个创新领域的重要支点，且高校和科研机构比较集中，已成为大连科技创新重视程度最大和产出水平最高的地区。该因子得分说明要坚持把科技进步和创新作为加快经济发展方式转变的重要支撑，强化科技投入与合作，提高技术成果的转化率，从传统生产要素驱动经济发展的方式转到科技创新驱动经济发展的方式。

　　第三主因子——资源利用效率及环境治理绩效因子，区域排名是黄海组团区、主城区、新市区和渤海组团区。黄海组团区城市总体经济发展水平相对不高，表明这些地区由于经济发展水平较靠后而拥有资源存量的优势以及较好的生态环境。这些地区若能借助科技创新的

力量并充分发挥这方面的优势，积极构建节能环境型经济，必能实现经济社会的可持续发展。

3.3 经济系统、社会系统与资源环境系统的耦合分析

3.3.1 耦合概念及系统耦合机理

（1）耦合的概念

耦合最初是一个物理概念，是指两个系统中的两个或两个以上的电路元件或电网络的输入与输出之间存在紧密配合与相互影响（王朝科，2009）。元件之间随着时间或空间的变化，进行着物理量的交换，从一侧向另一侧传输能量，以达到相互影响、相互依赖、相互协调、相互促进的动态关联。概括地说，耦合就是度量两个或两个以上的实体相互依赖的程度。后来，耦合概念被引入到社会科学领域的研究之中，是指经济系统和社会系统各变量通过协同作用，相互影响、相互依赖，使得系统由无序转向有序，对协同作用的定量描述指标称为耦合度。我国对系统耦合概念的应用主要集中在区域生态环境与人类活动和经济系统的耦合关系，后来的研究揭示了低碳经济发展与环境资源系统的耦合状态（黄瑞芬，李宁，2013）。本节考察循环经济发展下的经济系统与社会系统、资源环境系统的耦合关系。

（2）经济、社会、资源环境系统的耦合机理

经济系统包括第一、第二、第三产业及生产、消费、流通三个环节。经济系统是人类为自身谋求福利的系统，同时也是与资源环境系统发生关系的重要媒介。经济活动是人类向资源环境系统索取资源同时排放污染物的过程。大连经济的快速发展背后是资源的大量消耗、环境污染的日趋严重，这给资源环境系统带来了极大的压力，反过来，由资源的大量消耗带来的资源短缺与环境恶化也给经济的进一步发展带来了压力和挑战，人类迫切要求改变这种现状。资源的短缺与环境问题的恶化促使人类社会更加关注资源的可持续利用和环境的治

理与保护，进一步加大治理环境问题的力度。而循环经济和低碳经济提高了资源的可利用程度，在减量化、再利用、资源化原则的指导下提升了资源的利用效率，通过技术的不断创新加大对新能源的开发和利用力度，减少了污染物的排放，提高了经济的发展效率，有效改善了生态环境，减轻了资源环境的压力，促进了经济系统与资源环境系统的耦合协调。环境资源系统的有效改善可以进一步促进循环低碳经济的纵深发展。循环经济的发展也改善了人们的生态意识，使得环境保护的观念由个人意识上升为社会意识，使得社会系统与资源环境系统的协调发展成为可能。社会系统由人口状况、科技文化、伦理道德、政策法规、社会制度、传统习惯等要素构成，要素的不同组合构成了不同区域的社会环境，也决定了人类的不同行为方式、消费习惯及对自然环境的不同态度。一个社会发展的进程如何关键看社会在人类经济发展与资源环境关系中所处的位置。社会系统在保持人与人之间、人与自然之间的平衡中起着至关重要的作用。经济发展是社会进步的前提和基础，反过来，大规模的经济活动也需要通过高效的社会组织、合理的社会政策、良好的公民意识才能取得应有的经济效果。稳定的经济发展也需要持续的资源和能源供给、良好的工作环境及不断的技术创新作为支撑。经济的提升在促进社会发展的同时，不断提高人类的物质精神生活水平，提升人类对自然环境的意识水平，促进整个人类社会对资源环境系统的保护与改善，最终形成循环经济有效发展—社会生态意识不断提高—资源环境得到有效改善—经济持续高效发展的良性轨道。三系统具体的耦合机理可以用图3-3表示。其中，经济的发展、社会的进步、资源环境的改善都离不开人的要素，人类的发展与经济的发展、社会的进步、资源环境的改善是相互促进的关系。人类通过研发新科技提升自身的适应自然的能力，促进经济发展；经济的发展促进人类自身文明的进步，进而提升自身的生态意识，促进资源环境的保护；环境保护取得进展能够给人类带来蓝的天、白的云、绿的草，良好的环境能净化人的心灵，提升人类的价值取向，进而促进社会文明的进步。经济的可持续发展离不开对资源的

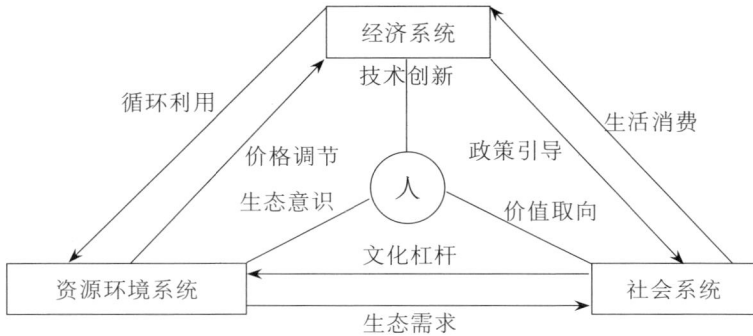

图3-3 经济系统、社会系统、资源环境系统的耦合作用机理图

开发利用，资源环境系统也不能无限制地为经济的发展提供资源和容纳污染物，很显然，利用价格的调节机制（如制定合理的资源价格及征收污染排放费等）可以在一定程度上解决这一难题，促进资源环境与经济的协调发展。经济的发展同样离不开社会系统，经济不能无序发展，需要社会制定合理的政策（如结构调整、转变经济发展方式等）加以引导；社会的进步也离不开经济的发展，人类物质与精神需求需要经济的持续提升才能得以不断满足。资源环境系统也为人类社会的生态需求进步提供必要的资源保障，同时，社会环保意识的增强也为人类社会与资源环境的和谐共生提供了必要的文化保障。基于经济系统、资源环境系统和社会系统耦合机理的研究，其目的在于从三者耦合程度、效果角度出发，分析经济运行过程中，特别是经济发展方式变化过程中，在资源环境、社会系统层面随之而引发的系列问题，从而深化风险的存在。

3.3.2 三系统耦合的实证分析

（1）指标选取及数据处理

①指标选取

耦合指标的选取应遵循兼顾独立系统的显著性及系统间的胁迫约束性两大原则（黄瑞芬，李宁，2013）。本书在遵循上述原则的基础上，同时考虑到数据的可得性来选取指标。对经济系统要考虑到循环经济的发展特征，不仅要选取反映经济发展水平的经济总量、经济效率、收入水平、经济结构的指标，还要根据循环经济的3R原则（减量化、再利用、再循环）选取减量化、再利用、低碳发展潜力等领域层指标。社会系统反映人类生存的社会空间，包括人口状况、科技文化、政策法规、社会制度等要素，这些要素的有机组合构成了不同地区人类的社会环境，决定了人类的不同的行为方式、不同的经济类型、不同的消费习惯及对自然环境的不同态度。因此，社会系统选取人口状况、交通通信、城市建设、居住情况、医疗水平、科技与教育等作为领域层指标。资源环境系统能够为人类的生存与发展提供必需的物质与能量，同时分解与代谢人类对环境造成的破坏。资源环境指标既要考虑到自然资源，还要考虑到人类在保护环境中所做的努力。因此，选取自然资源禀赋和环境保护状况作为资源环境系统的领域层指标。具体各领域层中的要素指标见表3-6。

表3-6　　　经济系统、社会系统与资源环境系统指标选取

系统	领域层		要素层	权重
经济系统	经济发展水平	经济总量	人均GDP	0.1516
		经济效率	投入产出比	0.1455
			第三产业增加值比	0.0758
		收入水平	城镇居民人均可支配收入	0.2880
			农村居民人均纯收入	0.2965
		产业结构	二、三产业增加值比	0.0426
	循环经济特征	减量化	用水增量/GDP增量	0.1368
			用电增量/GDP增量	0.1117
			能耗增量/GDP增量	0.0556
		再利用	固体废物综合利用率	0.2840
		低碳潜力	碳生产率[①]	0.1279
			产业结构多元化趋势[②]	0.2840

续表

系统	领域层	要素层	权重
社会系统	人口结构	二、三产业就业人口比	0.1761
		老年人口抚养比	0.0354
	交通通信	城市每万人拥有公交车辆数	0.0571
		人均移动电话交换机容量	0.0763
	城镇建设	城镇化率	0.0763
	居住条件	城镇居民家庭每人每年居住支出	0.0588
		农村居民家庭每人每年居住支出	0.0409
	医疗	每千人医生数	0.1500
	科研	科研经费支出	0.1834
	教育	教育经费支出	0.1457
资源环境系统	自然资源禀赋	绿化覆盖率	0.2903
		人均造林面积	0.1013
		人均公共绿地面积	0.1071
		人均水资源量	0.5013
	环境保护	工业废水排放达标率	0.2236
		工业SO_2去除率	0.0794
		工业固体废物处置率	0.1826
		环境污染投资占GDP比重	0.5144

注：①碳生产率的计算方法为GDP/碳排放量，碳排放量简要计算为能源消耗总量（标煤）与标煤碳排放系数的乘积，这里的标煤碳排放系数取0.77。②产业结构多元化趋势的计算为三次产业产值与第一产业产值比的和。

②数据处理

首先需对指标进行赋权。考虑到三个系统都是包括多层次、多指标、主观性较强的复杂体系，因此，采用层次分析法进行分析。根据

Saaty 1—9标注法，把两指标的重要程度分为同样重要、一指标比另一指标稍微重要、稍微有优势、比较重要、比较有优势、十分重要、十分有优势、绝对重要、绝对有优势9个等级。通过对指标进行两两比较确定同一层次中各指标的相对重要性，构建判断矩阵，并根据判断矩阵的一致性结果分析判断矩阵是否有效。若无效，则需重新构建判断矩阵。本书利用五位专家对各指标相对性进行两两比较，然后运用AHP决策分析软件Yaahp v6.0将专家的比较结果输入软件，并设立一致性检验条件CR<0.05，根据软件输出结果最终确定各指标权重。指标权重的最终确定结果见表3-6。

③数据的收集与标准化处理

由于相关统计指标的口径有一定变化，部分指标的数据获得较为困难。因此，根据指标的可获得性、反映问题的实际需要等因素，本书只选取大连2000—2011年的数据进行分析。为降低个别数据缺失对分析结果可能造成的影响，缺失数据采用增长率替代法（利用缺失数据前或后已知各年份的数据计算出年平均增长（减少）率，缺失数据则由其他已知年份数据及增长（减少）率计算而得）进行了弥补。

所选指标的量纲及数量级各不相同，不能直接分析，可以采用标准化的方法消除量纲和不同数量级带来的影响。具体方法可采用极差法标准化处理，标准化公式如下：

正指标采用 $M_{tij} = (x_{tij} - \min x_{tij})/(\max x_{tij} - \min x_{tij})$ (3-6)

逆指标采用 $M_{tij} = (\max x_{tij} - x_{tij})/(\max x_{tij} - \min x_{tij})$ (3-7)

式中 t 表示年份，M_{tij} 表示第 i 个系统第 j 个指标第 t 年的标准化数据，x_{tij} 表示第 i 个系统第 j 个指标第 t 年的原始数据，min、max分别表示原始数据的最小值和最大值。

（2）实证分析

①耦合模型的构建

本书要考察基于循环经济特征的经济系统、社会系统和资源环境系统所构成的复杂系统的相互协调关系，从而反映出经济运行中的风险问题。这需要先分析系统两两之间的耦合关系然后再分析三系统的耦合关系，再考察三系统的耦合度与耦合协调度。

A. 耦合度模型构建

变异系数或称离散系数能够反映变量数值的离散程度，表示变量均值与标准差的比率。变异系数大，说明变量数值的离散程度大；变异系数小，说明变量数值的离散程度小。对于两个系统之间的耦合关系同样可以用变异系数来表示：变异系数大，说明两系统的耦合程度小；变异系数小，说明两系统的耦合程度大。

我们用 z_{ti} 表示第 i 个系统第 t 年的综合性指标，则 $z_{ti} = \sum_{m=1}^{n} a_{im} M_{tim}$，其中 M_{tim} 表示第 i 个系统第 m 个指标第 t 年的标准化数据，a_{im} 表示第 i 个系统中第 m 个指标的权重，m 表示第 i 个系统中指标的个数。则两个系统之间的离差系数可以表示为：

$$w^{*}_{t(i,j)} = \frac{s}{(z_{ti} + z_{tj})/2} = 2\sqrt{1 - \frac{z_{ti} \times z_{tj}}{[(z_{ti} + z_{tj})/2]^2}} \tag{3-8}$$

式中 $w^{*}_{t(i,j)}$ 表示第 i 个系统变量和第 j 个系统变量之间的离差系数，其中，$i,j = 1,2,3$，i 取 1 表示经济系统，i 取 2 表示社会系统，i 取 3 表示资源环境系统，$i \neq j$。s 为两系统变量之间的协方差，$(z_{ti} + z_{tj})/2$ 表示两系统变量的均值。使 $w^{*}_{t(i,j)}$ 取得极小值的充要条件是 $\frac{z_{ti} \times z_{tj}}{[(z_{ti} + z_{tj})/2]^2}$ 取得极大值。所以，我们可以定义

$$w_{t(i,j)} = \left\{ \frac{z_{ti} \times z_{tj}}{[(z_{ti} + z_{tj})/2]^2} \right\}^{b} \tag{3-9}$$

为系统之间的耦合度，其中 b 为调节系数，一般取 $2 \leq b \leq 5$（谢京华，等，2011）。为了增加不同年份之间耦合度的区分度，这里取 $b=5$。$w_{t(i,j)}$ 能够反映第 i 个系统和第 k 个系统协调程度，其取值范围在 0~1 之间，越接近 1，越说明两系统的耦合性越高，反之，耦合性就越差。

计算三系统的耦合性，可以先计算两系统之间的耦合度，再进行

另一系统与该耦合度的耦合性分析，最后可利用加权平均得到三系统的耦合度公式。具体计算公式如下：

$$w_{t(k/i,j)} = \left\{ \frac{z_{tk} \times w_{t(i,j)}}{[\,(z_{tk} + w_{t(i,j)})/2\,]^2} \right\}^b \tag{3-10}$$

$$w_{t(i/j,k)} = \left\{ \frac{z_{ti} \times w_{t(j,k)}}{[\,(z_{ti} + w_{t(j,k)})/2\,]^2} \right\}^b \tag{3-11}$$

$$w_{t(j/i,k)} = \left\{ \frac{z_{tj} \times w_{t(i,k)}}{[\,(z_{tj} + w_{t(i,k)})/2\,]^2} \right\}^b \tag{3-12}$$

$$w_{t(i,j,k)} = \frac{w_{t(i,j)}w_{t(k/i,j)} + w_{t(i,k)}w_{t(j/i,k)} + w_{t(j,k)}w_{t(i/j,k)}}{w_{t(i,j)} + w_{t(i,k)} + w_{t(j,k)}} \tag{3-13}$$

B. 耦合协调度模型构建

耦合度 $w_{t(i,j)}$、$w_{t(k/i,j)}$、$w_{t(i/j,k)}$、$w_{t(j/i,k)}$、$w_{t(i,j,k)}$ 作为反映系统之间相互协调的一个重要指标，能够有效地反映两系统之间、一系统与其他两系统之间、三系统之间的协调程度。但某些情况下，上述的耦合度指标并不能真实地反映两系统或三系统的协调程度。如两个区域的耦合度相同，但两个区域对应的系统的发展水平并不一定相同，一个区域的某两个系统可能处于高水平的协调状态，另一个区域对应的这两个系统可能处于低水平的协调状态。因此，有必要对上述耦合度进一步深化。根据黄瑞芬等（2013）提出的两系统耦合协调度公式本书作了进一步研究，提出两系统、一系统与其他两系统、三系统耦合协调度公式。

两系统耦合协调度公式：

$$v_{t(i,j)} = \sqrt{w_{t(i,j)} \times (\alpha z_{ti} + \beta z_{tj})} \tag{3-14}$$

式中 α、β 表示系统 i 和系统 j 的权重，一般取 $\alpha = \beta = 0.5$。

一系统与其他两系统的耦合协调度公式：

$$v_{t(k/i,j)} = \sqrt{w_{t(k/i,j)} \times (\alpha z_{tk} + \beta w_{t(i,j)})} \tag{3-15}$$

式中 α 表示系统 k 的权重，β 表示系统 i 和系统 j 耦合度的权重，一般取 $\alpha = \beta = 0.5$。

三系统的耦合协调度公式：

$$v_{t(i,j,k)} = \sqrt{w_{t(i,j,k)} \times (\alpha w_{t(i,j)} + \beta w_{t(i,k)} + \gamma w_{t(j,k)})} \qquad (3\text{-}16)$$

式中 α 表示系统 i 和系统 j 耦合度的权重，β 表示系统 i 和系统 k 耦合度的权重，γ 表示系统 j 和系统 k 耦合度的权重，这里取 $\alpha = \beta = \gamma = 1/3$。

与耦合度模型相比，三系统耦合协调度模型具有更高的稳定性及更广的适用范围，不但可用于同一城市（或区域）不同时期的多系统之间的耦合评价，也可用于同一时期不同区域之间多系统之间的耦合分析，因此，三系统耦合协调度的应用范围更广，可操作性更强。

C.系统耦合类型评判标准的确定

经济系统、社会系统、资源环境系统的协调发展是人类社会可持续发展的前提，在制定三系统耦合发展评判标准时，要充分考虑到经济、社会、资源的可持续性，细化耦合协调度的评判标准，以更加准确地反映经济发展水平、社会进步程度与资源环境的可持续性。参照谢京华等（2011）提出的科技创新能力与科技服务业发展耦合判断标准和基本类型，结合 Saaty 在层次分析法中提出的 1-9 标注法，即把两指标的重要程度分为同样重要、一指标比另一指标稍微重要、稍微有优势、比较重要、比较有优势、十分重要、十分有优势、绝对重要、绝对有优势 9 个等级，本研究也把协调类型细分为 9 个等级，以更详细地判断系统协调所处的类型。三系统耦合协调类型的评判标准如表 3-7 所示。

②三系统耦合度与耦合协调度的计算与评判

我们对收集的数据进行标准化处理后，对各系统进行加权综合后得到各子系统的综合指标 z_{ti}，然后运用式（3-10）—式（3-16）对大连 2000—2011 年的经济发展、社会进步、资源环境水平进行耦合度及耦合协调度分析。分析结果如表 3-8、表 3-9、表 3-10 和表 3-11 所示。

表3-7 **经济系统、社会系统与资源环境系统耦合协调类型评判标准**

两系统协调类型判断		一系统与其他两系统协调类型判断		三系统协调类型判断	
范围	类型	范围	类型	范围	类型
$0.9 \leq v_{(i,j)} \leq 1$	两系统绝对协调发展	$0.9 \leq v_{(k/i,j)} \leq 1$	一系统与其他两系统绝对协调发展	$0.9 \leq v_{(i,j,k)} \leq 1$	三系统绝对协调发展
$0.8 \leq v_{(i,j)} < 0.9$	两系统优质协调发展	$0.8 \leq v_{(k/i,j)} < 0.9$	一系统与其他两系统优质协调发展	$0.8 \leq v_{(i,j,k)} < 0.9$	三系统优质协调发展
$0.7 \leq v_{(i,j)} < 0.8$	两系统良好协调发展	$0.7 \leq v_{(k/i,j)} < 0.8$	一系统与其他两系统良好协调发展	$0.7 \leq v_{(i,j,k)} < 0.8$	三系统良好协调发展
$0.6 \leq v_{(i,j)} < 0.7$	两系统中级协调发展	$0.6 \leq v_{(k/i,j)} < 0.7$	一系统与其他两系统中级协调发展	$0.6 \leq v_{(i,j,k)} < 0.7$	三系统中级协调发展
$0.5 \leq v_{(i,j)} < 0.6$	两系统初级协调发展	$0.5 \leq v_{(k/i,j)} < 0.6$	一系统与其他两系统初级协调发展	$0.5 \leq v_{(i,j,k)} < 0.6$	三系统初级协调发展
$0.4 \leq v_{(i,j)} < 0.5$	两系统初级失调发展	$0.4 \leq v_{(k/i,j)} < 0.5$	一系统与其他两系统初级失调发展	$0.4 \leq v_{(i,j,k)} < 0.5$	三系统初级失调发展
$0.3 \leq v_{(i,j)} < 0.4$	两系统轻度失调发展	$0.3 \leq v_{(k/i,j)} < 0.4$	一系统与其他两系统轻度失调发展	$0.3 \leq v_{(i,j,k)} < 0.4$	三系统轻度失调发展
$0.2 \leq v_{(i,j)} < 0.3$	两系统中度失调发展	$0.2 \leq v_{(k/i,j)} < 0.3$	一系统与其他两系统中度失调发展	$0.2 \leq v_{(i,j,k)} < 0.3$	三系统中度失调发展
$0 \leq v_{(i,j)} < 0.2$	两系统严重失调发展	$0 \leq v_{(k/i,j)} < 0.2$	一系统与其他两系统严重失调发展	$0 \leq v_{(i,j,k)} < 0.2$	三系统严重失调发展

表 3-8　　　**经济系统、社会系统、资源环境系统耦合度**

年份	$w_{(1,2)}$	$w_{(1,3)}$	$w_{(2,3)}$	$w_{(1/2,3)}$	$w_{(2/1,3)}$	$w_{(3/1,2)}$	$w_{(1,2,3)}$
2000	0.9787	0.8961	0.9664	0.2709	0.4263	0.4936	0.3966
2001	0.8670	0.9790	0.9473	0.2386	0.4667	0.3933	0.3665
2002	0.9438	0.9408	0.7895	0.4047	0.1574	0.4406	0.3304
2003	0.7594	0.8680	0.4510	0.6730	0.0399	0.5028	0.3465
2004	0.9029	0.5483	0.8083	0.0654	0.3992	0.3330	0.2533
2005	1.0000	0.8410	0.8441	0.3281	0.3339	0.4958	0.3924
2006	0.9998	0.9997	0.9990	0.3689	0.3777	0.3556	0.3674
2007	0.9956	0.8931	0.9296	0.6920	0.6742	0.3627	0.5700
2008	0.9076	0.9500	0.9928	0.7664	0.5501	0.6639	0.6617
2009	0.9652	0.8489	0.7054	0.9918	0.9881	0.4961	0.8007
2010	0.9816	0.9803	1.0000	0.8550	0.9449	0.9464	0.9151
2011	0.9672	0.7402	0.5891	0.9258	0.9587	0.5118	0.7621

注：$w_{(1,2)}$表示经济系统与社会系统的耦合度，$w_{(1,3)}$表示经济系统与资源环境系统的耦合度，$w_{(2,3)}$表示社会系统与资源环境系统的耦合度，$w_{(1/2,3)}$表示经济系统与其他两个系统（社会、资源环境系统）的耦合度，$w_{(2/1,3)}$表示社会系统与其他两个系统（经济、资源环境系统）的耦合度，$w_{(3/1,2)}$表示资源环境系统与其他两个系统（经济、社会系统）的耦合度，$w_{(1,2,3)}$表示经济、社会、资源环境三个系统的耦合度。

表 3-9　**经济、社会、资源环境系统两两耦合协调度及评判类型**

年份	$v_{(1,2)}$	协调类型	$v_{(1,3)}$	协调类型	$v_{(2,3)}$	协调类型
2000	0.5968	初级协调发展	0.5978	初级协调发展	0.6391	中级协调发展
2001	0.5741	初级协调发展	0.5756	初级协调发展	0.6173	中级协调发展
2002	0.5327	初级协调发展	0.5933	初级协调发展	0.5195	初级协调发展
2003	0.3973	轻度失调发展	0.5165	初级协调发展	0.3419	轻度失调发展
2004	0.4260	初级失调发展	0.3775	轻度失调发展	0.4829	初级失调发展
2005	0.5686	初级协调发展	0.5768	初级协调发展	0.5784	初级协调发展
2006	0.6366	中级协调发展	0.6321	中级协调发展	0.6337	中级协调发展
2007	0.7216	良好协调发展	0.6468	中级协调发展	0.6488	中级协调发展
2008	0.7056	良好协调发展	0.7341	良好协调发展	0.6984	中级协调发展
2009	0.8279	优质协调发展	0.6842	中级协调发展	0.6566	中级协调发展
2010	0.8561	优质协调发展	0.8565	优质协调发展	0.8910	优质协调发展
2011	0.8919	优质协调发展	0.6711	中级协调发展	0.6308	中级协调发展

注：$v_{(1,2)}$表示经济系统与社会系统的耦合协调度，$v_{(1,3)}$表示经济系统与资源环境系统的耦合协调度，$v_{(2,3)}$表示社会系统与资源环境系统的耦合协调度。

表3-10　　　　一系统与其他两系统耦合协调度及评判类型

年份	$v_{(1/2,3)}$	协调类型	$v_{(2/1,3)}$	协调类型	$v_{(3/1,2)}$	协调类型
2000	0.4206	初级失调发展	0.5231	初级协调发展	0.5954	初级协调发展
2001	0.3882	轻度失调发展	0.5763	初级协调发展	0.4913	初级失调发展
2002	0.4766	初级失调发展	0.3084	轻度失调发展	0.5472	初级协调发展
2003	0.4878	初级失调发展	0.1433	严重失调发展	0.5302	初级协调发展
2004	0.1791	严重失调发展	0.3940	轻度失调发展	0.4563	初级失调发展
2005	0.4375	初级失调发展	0.4410	初级失调发展	0.6034	中级协调发展
2006	0.5085	初级协调发展	0.5155	初级协调发展	0.4982	初级失调发展
2007	0.7127	良好协调发展	0.6871	中级协调发展	0.5028	初级协调发展
2008	0.7872	良好协调发展	0.6255	中级协调发展	0.6860	中级协调发展
2009	0.8200	优质协调发展	0.8943	优质协调发展	0.5930	初级协调发展
2010	0.8528	优质协调发展	0.9151	绝对协调发展	0.9171	绝对协调发展
2011	0.7889	良好协调发展	0.8839	优质协调发展	0.6047	中级协调发展

注：$v_{(1/2,3)}$表示经济系统与其他两系统的耦合协调度，$v_{(2/1,3)}$表示社会系统与其他两系统的耦合协调度，$v_{(3/1,2)}$表示资源环境系统与其他两系统的耦合协调度。

表3-11　　　　三系统耦合协调度及评判类型

年份	$v_{(1,2,3)}$	协调类型	年份	$v_{(1,2,3)}$	协调类型
2000	0.4690	初级失调发展	2006	0.4623	初级失调发展
2001	0.4493	初级失调发展	2007	0.6605	中级协调发展
2002	0.3858	轻度失调发展	2008	0.7137	良好协调发展
2003	0.3666	轻度失调发展	2009	0.8466	优质协调发展
2004	0.3279	轻度失调发展	2010	0.9242	绝对协调发展
2005	0.4438	初级失调发展	2011	0.7927	良好协调发展

注：$v_{(1,2,3)}$表示经济、社会、资源环境三系统的耦合协调度。

③系统耦合结果分析

A.经济发展、社会进步与资源环境改善的综合指数分析

在经济发展综合指数测度中我们引入了循环经济特征，这对大连的现阶段发展有一定的现实意义。基于循环经济特征的经济系统、社会系统与资源环境系统各综合指数如图3-4所示。图中经济系统与社会系统综合指数的变动趋势基本一致，经济系统和社会系统综合指数分别在2004年和2003年达到最小值，随后二者一直呈上升趋势。资源环境系统综合指数在2000—2007年变化幅度不大，在2009—2010年有较大的提升幅度，但2011年又有较大的回落，这可能与2011年"三废"的统计口径变大有关。

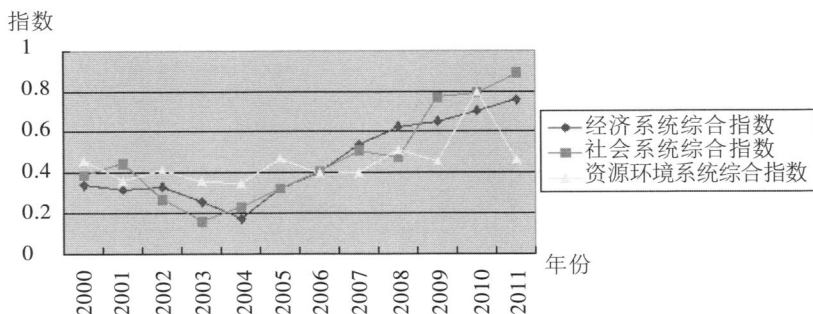

图3-4 经济、社会、资源环境三系统发展指数（2000—2011）

B.经济、社会与资源环境的耦合度及耦合协调度分析

由表3-8可以看出，2000—2011年经济系统与社会系统的耦合度在系统耦合度中普遍较高。社会系统与经济、资源环境两系统的耦合度在2003年达到最低值0.0399，经济系统与社会、资源环境系统的耦合度在2004年也较低，为0.0654。经济、社会与资源环境三系统的耦合度在2004年之前一直处于下降趋势，2004达到最低值0.2533，之后才开始回升（如图3-5所示）。这与前文中提到的脱钩弹性系数具有一致性。在2003年，大连经济发展与环境污染的脱钩弹性系数为1.089，处于复钩状态，2004年的脱钩弹性系数为0.352，2005年又达到了1.051，再次处于复钩状态。造成上述现象的原因可能在于，

2000年之后，国际经济形势趋于好转，大连外向型经济特点比较明显，因此也加大了宏观调控力度以促进经济的发展，随后一大批高耗能、高污染项目集中涌现，造成污染排放的大幅增加。虽然市政府高度重视环境污染的问题，并于"十一五"规划中首次提出了节能减排目标，但在"十一五"初期，许多县区对全市的节能减排政策持观望态度，由此导致污染排放不减反增，造成经济系统、社会系统与资源环境系统在"十一五"初期很不协调。

耦合度及耦合协调度

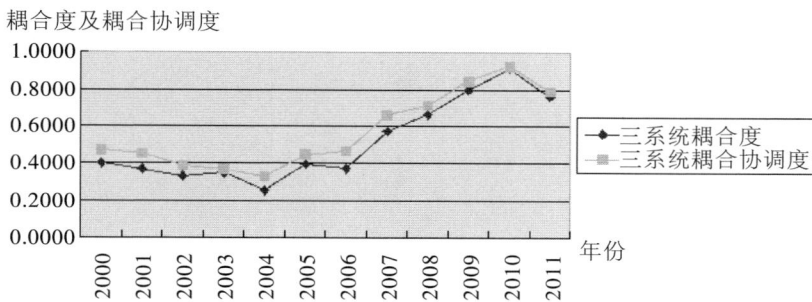

图3-5　经济、社会、资源环境三系统耦合度与耦合协调度（2000—2011）

由表3-9可以看出，2000—2011年我国经济、社会的耦合协调度经历了由初级协调发展到初级失调再到良好协调、优质协调发展的过程，经济与社会的耦合协调度较好；经济与资源环境的耦合协调度经历了初级协调-轻度失调-初级失调-中级协调-优质协调的过程，变动幅度较为明显，2011年又回到了中级协调阶段。社会与资源环境的耦合协调度从2000—2005年经历了中级协调-轻度失调-初级协调发展过程，从2006年开始实现中级协调发展，到2010年达到了优质协调发展水平，2011年有所回落，只达到了中级协调发展的水平。

表3-10列出的是一系统与其他两系统的耦合协调度。经济系统与其他两系统的耦合协调度在2004年达到最低值0.1791，处于严重失调发展状态，而后才开始回升，并在2009年达到了优质协调发展状态。社会系统与其他两系统的耦合协调度在2003年达到最低值0.1433，与前文提到的耦合度所处水平基本一致。资源环境系统与其

他两系统的耦合协调度变动幅度较大，但总体来看朝着协调发展的趋势前进。

三个系统的耦合协调度与耦合度的变动趋势基本一致（如图3-5所示），经历了初级失调-轻度失调-初级失调-中级协调-良好协调-优质协调-绝对协调的先下降后上升的发展趋势，但2011年耦合协调度又有所回落。这一发展趋势也从另一个角度验证了大连环境库兹涅兹曲线的倒 N 形曲线关系。2000—2004 年三系统耦合协调度逐年下降，说明资源环境系统与经济、社会系统存在失调关系，也就是在经济发展、社会进步的同时污染却在加剧，这一阶段刚好处于环境库兹涅兹曲线的上升期。2004—2010 年三系统耦合协调度逐年上升，甚至达到了 2010 年的绝对协调发展状态，这说明在经济发展、社会进步的同时污染得到了有效的治理，反映在环境库兹涅兹曲线上为正好处于下降期阶段。但 2010—2011 年，三系统的耦合协调度又开始回落，由绝对协调发展降到了良好协调发展，虽然部分原因在于污染源统计口径发生了变化，但也不排除我国发展经济过程中资源大量的消耗所导致的资源短缺严重、环境污染加剧的事实。最近几年大连大部分地区雾霾天气逐渐增多的现象是环境污染加剧的最有力佐证，给我们敲响了污染治理的警钟。

3.3.3 系统耦合的结论

本章构造了生态现代化的耦合模型，对经济、社会、资源环境三系统的耦合协调性进行了分析。在分析环境污染与经济发展之间是否存在脱钩关系时，我们把脱钩弹性系数分解为规模脱钩弹性、技术脱钩弹性和结构脱钩弹性，具有一定的创新性，并发现三者大致都经历了弱脱钩-复钩-强脱钩的过程，并且所处的状态与脱钩程度的大小与大连的经济形势和宏观调控政策高度相关。我们进一步分析了经济、社会与资源环境是否存在耦合关系，结果显示三系统具有较强的耦合关系，经历了初级失调-轻度失调-初级失调-中级协调-良好协调-优质协调-绝对协调的先下降后上升的发展趋势，但 2011 年耦合

协调度又有所回落，这进一步验证了大连环境库兹涅兹曲线所存在的
N形曲线关系。政府应在加快经济发展的同时注意推进发展方式的转
变，即加快循环技术的开发和利用，加大新能源建设的投资力度，减
少对资源的无度索取和对环境的肆意破坏。这些研究成果进一步说明
了在经济发展的过程中，经济发展方式也在同时转变，在这个转变过
程中，各个时间段内的实际效果是不同的，规模、技术、结构脱钩现
象比较明显，风险也随之产生。

4 转变经济发展方式过程中的风险识别

转变经济发展方式就是要改变过去那种高投入、高消耗、高排放、低效率的生产方式和增长方式，以减轻经济发展对能源、自然资源的高度依赖和对生态环境的过度消耗。虽然大连已经提出转变粗放型的发展方式，但这种方式仍在部分区域内或多或少地存在着。粗放型企业的技术水平和管理水平不高，净利润也不多，但至少可以给工人发放工资、计提设备折旧。如果粗放型企业直接向集约型生产方式转变，短期内工人可能失业，机器设备可能淘汰，利润可能下降，甚至企业可能关闭。面临企业层面的微观风险，以及从企业传导至行业和地区的风险，政府担心经济发展方式转变会给整个地区经济带来经济增长率降低、失业率上升、财政收入下降、国际竞争力减弱等一系列问题。这些风险的存在与传导，既影响政府转变经济发展方式的积极性，也影响大力推进转变经济发展方式的决心。基于此，本书认为，政府转变经济发展方式过程中之所以存在宏观经济风险，其风险源头在企业层面，因此首先需要识别出企业层面的风险，然后再识别出地区层面的风险。

4.1 转变经济发展方式过程中的企业风险

政府通过各种措施（例如产业政策、税收或补贴、行政命令、价格调整等）试图转变经济发展方式，但是政府并不清楚转变经济发展方式的各种措施会给不同类型企业带来什么样的风险。为使政府明确转变经济发展方式中的企业风险以及风险传导机制，最终制定相应风险控制系统来将宏观经济风险控制在一定范围内，最首要的是识别出企业在转变经济发展方式过程中的风险。

在政府转变经济发展方式过程中，能源和资源价格扭曲会得到改善，劳动力的各种权益会得到相应保障，企业排污量会有相应标准加以限定，政府可能会勒令达不到相应标准的企业关闭，类似的这种措施有助于看清政府转变经济发展方式给企业带来的风险。每个企业都可以划归到三次产业之中，随着产业结构的不断升级，地区经济对农业的依赖不断降低，现在主要是依靠第二产业的发展，而未来第三产业将是经济发展的主导产业。对于政府转变经济发展方式过程会给企业带来的风险，不同产业类型的企业是不同的，同一产业的不同类型企业也是不同的。

需要详细说明一点，就政府转变经济发展方式给企业带来的风险而言，价格弹性是一个重要影响因素。如果企业生产的产品价格弹性非常小，例如生活必需品，那么政府转变经济发展方式的各种措施对该产品的需求量不会有过大的影响，企业生产成本的增加几乎以价格上涨的形式完全转嫁给消费者。对于这类企业，虽然企业利润没有下降的风险，但是潜藏于整体宏观经济中的成本推进型通货膨胀风险却是非常大的。如果企业生产的产品价格弹性非常大，那么政府转变经济发展方式的各种措施会给该产品的需求量带来巨大的变化，企业难以将其生产成本的提高转嫁给消费者，只能自己来承担和消化这些成本，这必然给企业带来利润下降风险。对于这类企业，如果不适时适当地通过其他方法提高企业效率以降低企业的生产成本，那么企业甚至有潜在的倒闭风险。

4.1.1 第一产业企业面临的风险

本书对第一产业的企业风险的研究，主要集中在农业企业中[①]。农林牧渔产品和服务部门的感应度系数[②]较高（见表4-1），这说明社会对这些部门的需求较大，该部门对地区经济各部门的发展具有较强的制约作用，它们的持续稳定增长，对经济的协调发展具有十分重要的意义。

表4-1　　2012年部门感应度系数（按由高到低顺序排列）

产品部门	感应度系数
金属冶炼和延压加工品	4.9651
化学产品	3.5013
电力、热力生产和供应	2.6928
租赁和商务服务	2.5310
石油、炼焦产品和核燃料加工品	2.2447
金融	2.1961
石油和天然气开采产品	2.1549
煤炭采选产品	1.9282
交通运输、仓储和邮政	1.9225
废弃资源和废旧材料回收加工品	1.8641
造纸印刷和文教体育用品	1.6102
农林牧渔产品和服务部门	1.4773
通用设备	1.4484
金属制品、机械和设备修理服务	1.4392
金属制品	1.0791
电气机械和器材	1.0330
木材加工品和家具	0.8515
食品和烟草	0.8141
通用设备、计算机和其他电子设备	0.7055
住宿和餐饮	0.5822

资料来源：大连市统计局编，《2012年大连投入产出表》。

---

① 第一产业包括农林牧渔及服务业，这里为了研究的简洁性，以农业代替农林牧渔及服务业；将单个农户抽象为一种农业企业类型，除此之外，农业企业还包括工厂化的农业生产企业和运用现代化的科学技术进行农业生产的企业。

② 感应度系数是反映当国民经济各部门均增加一个单位最终使用时，某一部门由此而受到的需求感应程度，也就是该部门为满足其他部门生产的需要而提供的产出量。当感应度系数大于1时，表示该部门受到的感应程度高于社会平均感应水平（即各部门所受到的感应程度的平均值）；当感应度系数小于1时，则表示该部门受到的感应程度低于社会平均感应水平。

依照广泛的分类方式，农业可划分为传统农业和现代农业。传统农业以劳动密集型企业为主，劳动密集型企业是指在生产过程中劳动力生产要素投入量大的企业，劳动力是生产的主要投入品。它通常是在低技术水平下通过低素质劳动力的大量投入来进行农业生产，是一种高投入、低效率的粗放型生产方式。在转变经济发展方式过程中，这类企业一般会逐步向更有效率的生产方式转变，其中蕴含的风险是可能释放大量的农村富余劳动力，如果第二产业和第三产业不能吸纳这一部分富余劳动力，那么会进一步增加失业风险，甚至会给整个社会的稳定性带来一定威胁。

相比之下，现代农业则是在相对更高技术水平下，使用更高素质劳动力进行的生产或者通过先进技术设备提高劳动生产效率，试图在最小的投入下得到最大的产出。除粮食作物之外，现代农业还生产大量经济作物，例如生产新品种，以满足不同人群的需要，因此高效农业在一定程度上符合集约化生产的要求。

现代农业以资本密集型企业和技术密集型企业为主。资本密集型企业是指产出依托于资本投入量的企业，这类企业的生产一般需要大量的资本投入，包括资金、设备等。工厂化的农业生产就属于一种资本密集型生产方式，是未来农业生产的一个发展方向。技术密集型企业是指需要运用现代化的科学技术进行生产的企业。

在政府转变经济发展方式的过程中，现代农业中的技术密集型企业会遇到前所未有的获利机会，而劳动密集型农业企业将会面临巨大的风险。转变传统型农业生产方式是政府转变经济发展方式的客观要求，可以通过提高劳动力利用效率从而减少劳动力的投入，或者采用先进的技术（包括引入新品种）使得同样的劳动力、种子、化肥的生产要素投入获得更高的产出，或者在生产足够粮食作物之外，还可以生产一定量的经济作物。近些年来，农村劳动力大量涌入城市，农村劳动力数量减少很多，而且转移到城市的劳动力绝大多数都是青壮年劳动力，留守在农村的年老体弱者的农业生产效率极其低下，许多农户都将自己的土地转让给同村其他人来集中耕种，这在一定程度上提高了劳动生产率。现代农业中的资本密集型企业在转变经济发展方式中的风险介于劳动密集型企业和技术密集型企业之间。

近年来大连一直坚持都市型农业发展之路。从产业类型上看，2014年，全年农林牧渔及服务业总产值880亿元，其中，农业占24.1%，林业占1%，牧业占26%，渔业占41.1%，农林牧渔服务业占7.8%。传统农业比重不断下降，畜牧、水产、水果、蔬菜、花卉五大优势特色产业规模持续扩大，农业新品种、农业增产增效技术广泛推广，都市型农业示范区建设不断发展。2014年，农机总动力达到378.3万千瓦，主要农业耕种收综合机械化水平达到75.6%。在农业部发布的《中国都市农业发展报告2013》中，大连市都市型现代农业综合排名在全国35个大中城市中位居第三位，仅次于北京、上海，其中"农业现代化水平"指数位居全国第一，转变经济发展方式中所承担的风险相对较低。

4.1.2 第二产业企业面临的风险

在研究转变经济发展方式对于第二产业的企业风险中，本书主要考虑制造业的企业风险。依据制造业企业中生产要素对产量的贡献率，将制造业的企业划分为能源密集型企业、劳动密集型企业、资本密集型企业和技术密集型企业。

（1）能源密集型企业

能源密集型企业是指生产过程中大量使用能源的企业，它们在使用这些能源的同时，还会给环境带来污染，这些企业的排污量一般都很大，会造成明显的环境污染，甚至破坏生态的平衡。在转变经济发展方式之前，政府层面没有严格限制排污，也没有制定相关的法令，因此这些能源密集型企业的生产给社会带来了很大负外部性，把本该由这部分企业所承担的成本转嫁给了社会大众。一些外资企业的大量涌入，除了廉价劳动力和各种政策优惠措施之外，不必承担负外部性成本显然是吸引它们的重要因素之一。

节能减排在当今宏观调控中已经被摆到了前所未有的高度，国家对各省份下达降低地方GDP增长指标和节能降耗指标，并根据执行情况进行监控与督导，适时地对目标进行调节。大连围绕上级指示要求，从全社会能源消费总量核算、工业节能降耗预警等角度加强研究和调度，遏制高污染、高耗能产业的迅速扩张。

大连不惜以牺牲经济发展目标来控制能源的使用，目的是实现全社会的集约化，实现经济的可持续发展。在转变经济发展方式的过程中，政府把低能耗、低污染作为目标，因此这些能源密集型企业必然要为它们所带来的社会成本而付出代价。市政府强化单位GDP能耗指标为具有法律效力的约束性指标，各县区也陆续调低GDP指标，调高降耗指标。在固定资产投资领域，发改部门加大了对未进行节能审查或未能通过节能审查项目的审核力度，而且为了遏制高污染、高耗能产业的迅速扩张，环保部门也出台了相应的限批政策。这些措施间接地对能源的使用量进行控制，表现在控制能源价格和对污染征收排放费用上，可以促使企业重视节能方式的选择和节能技术的运用。政府在节能方面采取调控性措施的同时，还采取了一些强制性措施。政府会制定一些硬性的节能减排指标，并给地区下达节能降耗指标。

在大连的工业体系内，这类型的企业主要集中在六大高耗能行业中，即多集中在石油加工、炼焦和核燃料加工业，化学原料和化学制品制造业，非金属矿物制品业，黑色金属冶炼和压延加工业，有色金属冶炼和压延加工业，电力、热力生产和供应业这6个行业，这些行业中企业的能耗占规模以上工业总能耗80%以上。这些行业作为能源密集型企业的代表，在转变经济发展方式过程中，受到节能减排政策的巨大影响。在价格调控与强制性措施的共同作用下，这些行业的企业受到不同程度的影响。当能源密集型企业所使用的能源价格在政策指引下上涨时，企业的成本便随之上升，而这部分企业所使用的能源占其整个生产投入品的比重又很大，因此直接给企业带来利润下降风险。这类企业可以通过提高其产品价格来抵偿成本升高带来的利润下降风险，但由于各企业的能源利用效率都不尽相同，受到价格波动的冲击也不同，提高产品价格并不是所有企业的共同意愿，因此高能耗、能源利用效率低的企业所受到的冲击更大，其中一部分能耗大、规模小、利润低的企业甚至面临出局的危险。我们以石油、炼焦产品和核燃料加工业为例，结合图4-1、图4-2进行分析。全市以石油加工、炼焦及核燃料工业的产出品作为主要投入品的行业很多，例如燃气生产和供应，交通运输、仓储和邮政，化学产品，居民服务、修理和其他服务，公共管理、社会保障和社会组织，科学研究和技术服务，租赁和商务服务等（如图4-1所示），而且这些行业在国民经济中的地位很重要：一方面与居民生活密切相关，如燃气、交通、服务等；另一方面对产业转型发展影响较大，如科学研究和技术服务、租赁和商务服务业等。因此这类企业在经济发展方式过程中出现调整的同时会对以化学产品为主要投入品的行业（如图4-2所示），如卫生和社会工作，纺织品，化学产品，废品废料，电气机械和器材，通信设备、计算机和其他电子设备等行业，产生重要的间接影响。因为涉及的行业多为民生领域，总体来看可能会存在通货膨胀风险。

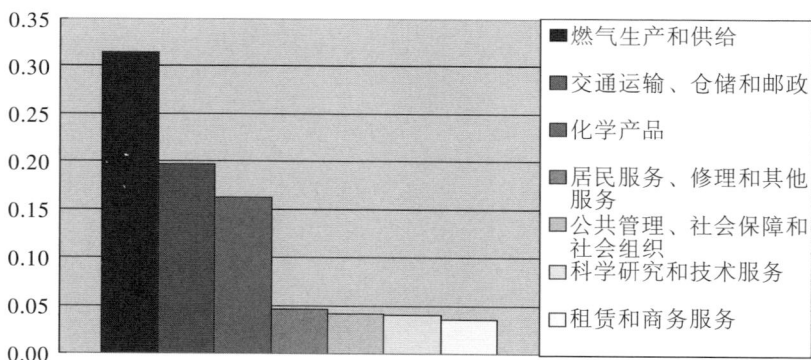

图4-1 将石油、炼焦产品和核燃料加工品作为主要投入品的行业

资料来源：大连市统计局编，《大连2012年投入产出表》。

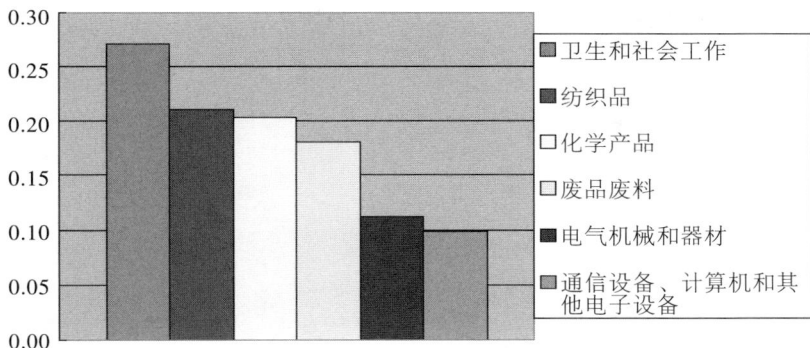

图4-2 将化学产品的产出品作为主要投入品的行业

资料来源：大连市统计局编，《大连2012年投入产出表》。

此外，能源型企业的主要投入品还包括非金属矿产、金属冶炼和延压加工品等，转变经济发展方式必将（甚至正在）带来资源和能源的价格调整，其中包括金属矿产的价格提高，而这些投入品价格的提高必然会对相关行业（建筑，非金属矿物制品，电力、热力生产和供应，仪器仪表，金属冶炼和延压加工品，食品和烟草，交通运输设备，如图4-3所示）造成很大的直接影响，与此同时还会给以金属冶炼和延压加工品为投入品的行业（如金属制品，仪器仪表，金属冶炼和延压加工品，通用设备，交通运输设备，建筑，电气机械和器材，专用设备，金属制品、机械和设备修理服务等，如图4-4所示）带来一定的间接影响。由于这些行业属于制造业中的基础行业，创造财税的能力和吸引就业的水平较高，因此可能会导致其他部门的生产成本明显上升，从而可能产生以财政收入降低和失业为主（当然也可能包括其他风险）的宏观经济风险。

政府还会对企业实施一定的环境标准，限制企业的排污量，达不到政府标准的企业将被罚款，甚至可能被勒令关闭。在这样的措施下，企业的正常生产活动会受到影响，企业难以持续经营，只有选择转向节能环保型的集约型生产模式，或选择退出市场。简言之，转变经济发展方式过程中，能源密集型企业受到政策的影响，附加成本上升，而这些企业难以在短时间内对排污量进行控制或是采用排污

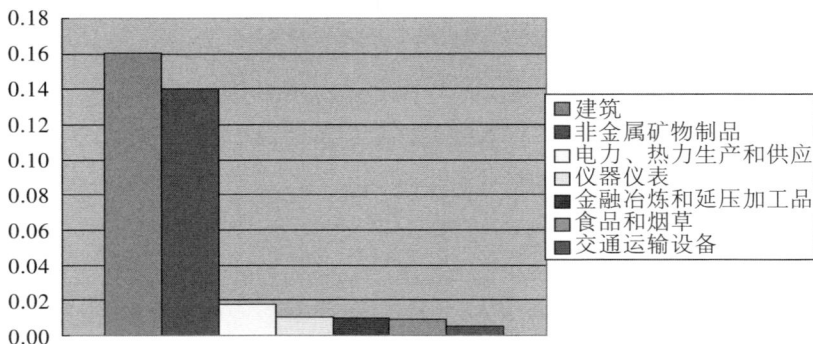

图 4-3　以非金属矿产作为主要投入品的行业

资料来源：大连市统计局编，《大连 2012 年投入产出表》。

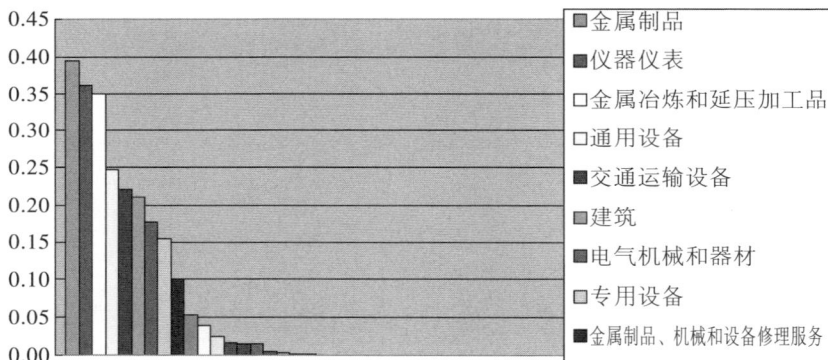

图 4-4　以金属冶炼和压延加工品作为主要投入品的行业

资料来源：大连市统计局编，《大连 2012 年投入产出表》。

技术进行治理，因此这些企业面临的由于成本增加而导致利润下降的风险很大，甚至面临潜在的倒闭风险。

　　钢铁、建材、石化、电力、有色金属这五大行业是基础性部门，为中间使用率[①]较高的部门（见表 4-2），是国民经济发展的基础，如果这些部门的发展不能与经济发展同步，就会影响到整个经济的持续协调发展。这五个行业中的企业除了转变经济发展方式过程中自身面临的风险之外，还会给其他行业中的企业乃至整个宏观经济带来不可低估的风险，即这些行业中任何一个行业对于其他行业乃至整个宏观经济来说都是至关重

---

① 中间使用占总供给（总产出与进口之和）的比重为中间使用率。

要的。石化行业是大连经济的重要支柱性产业，石化企业对国民经济中的许多领域都有影响，是具有很高战略意义的制造业部门。以石化行业中的企业为例，目前全市石化企业主要以延长产业链条模式为主，石化企业的上游企业包括石油、天然气和煤炭等生产原料的企业，下游企业则包括纺织、建筑、交通运输、汽车、轻工、建材、电子和农业等诸多行业企业。

表4-2   中间使用率高的部门

产品部门	中间使用率（%）
金属制品、机械和设备修理	99.6
水泥、石灰和石膏	99.2
铁合金产品	98.3
棉化纤纺织机印染精加工品	97.2
钢压延产品	96.4
造纸和纸制品	93.2
电力、热力生产和供应	91.3
钢、铁及其铸件	89.4
有色金属压延加工品	88.7
有色金属及其合金和铸件	87.0
塑料制品	85.0

资料来源：大连市统计局编，《大连2012年投入产出表》。

总体而言，在转变经济发展方式的过程中，政府针对基础性行业的各项政策措施不仅会给基础性行业的企业自身带来风险，还会给其他行业企业带来一定的风险，最终会使整个宏观经济系统面临风险。

（2）劳动密集型企业

在劳动密集型企业中，有一部分是劳动力与技术紧密结合的劳动密集型企业，这类企业虽然大量使用劳动力，但其生产方式在一定程度上还是集约的，高新区内部分生产小型电子产品或对大型电子企业进行配套生产的企业就是这类企业的代表；还有一部分中小型的劳动力密集型企业，主要投入品是劳动力，技术投入少，且生产效率低，集约程度差，我们称其为劳动密集型企业中的粗放型企业。由于劳动力成本比较低，这部分劳动力密集型企业中的粗放型企业在廉价劳动力的大量使用下通过"薄利多销"的方式求生存。渤海组团区域内的民营鞋厂、服装厂、纺织企业，黄海组团区域内的农副产品加工企业是劳动力低成本竞争的典型代表。

劳动密集型企业中的粗放型企业，没有技术优势，只有靠大量投入劳动力进行生产，生产方式效率很低。转变经济发展方式一部分的意义就是注重经济发展过程的效益，因此这类企业注定是没有生存空间的。政府在转变经济发展方式过程中所坚持的一些政策条文对工人应该享受的合法权益给予法律上的保障（这是任何一个文明国家都应具备的最基本制度。公司法中讲到企业要有社会责任，这种社会责任不仅包括环保与资源，也包括民生与职工权益的内容），会使企业的用工成本比以前相对提高。例如，2008 年的《中华人民共和国劳动合同法》，对职工加班进行了限制，对最低工资标准做了规定，确保了被解雇的员工能拿到相应补偿。显然，最低工资标准的提出对于粗放型的劳动密集型企业冲击会非常大，这类企业一直将劳动力的低成本作为其优势，劳动力价格提高意味着其成本的上升，而又因为其劳动密集的特性，使这种成本上涨的影响更大。新劳动法的实施，可能会使劳动力密集型企业中的粗放型小企业面临由成本上升带来的利润下降风险，甚至面临倒闭的风险。

劳动密集型企业中的集约型企业也会受到劳动力成本价格变动的影响，但由于其与技术结合紧密，利润空间较大，因此当劳动力成本价格上升时，这类企业受到的影响相对较小，至少这类企业不至于在劳动力价格上涨时面临倒闭的风险。

（3）资本密集型企业

资本密集型的企业通常具有技术装备较多、投资量较大、容纳劳动力较少、资金周转较慢、投资效果也较慢等特点。制造业中的资本密集型企业，有的符合新型工业化发展要求，拥有先进机器和设备，低投入、低消耗、低排放和高效率；有的不符合，属于高投入、高消耗、高排放和低效率的生产方式。政府转变经济方式过程会对不同类型企业产生不同影响，给前者带来更多的是获利机会，给后者带来的则是损失甚至是倒闭风险。一些大中型国有企业，依靠政府大量投入资金，但效率却非常低下，政府转变经济发展方式无疑会给这类企业带来巨大风险。例如，大连造船厂，该企业是老国有企业的代表，虽然一直处于盈利状态，但订单更多的是来源于国家层面的政策扶持，在其生产方式中技术投入相对较低，无法掌握造船领域核心的技术，产品的实际附加值含量较低。

一些大型国有企业是资本密集型企业外延性生产的代表，这类行业需要大量的资金、设备投入。这部分国有企业具有"不愁资金来源"的优势，呈现出"拿的多，给的少"的尴尬局面，成了转变经济发展方式进程中的后进生，也未能发挥国企应有的公共效益。这些企业在资本市场上占用巨额资金，但政府并未从这些企业中得到有效回馈。资源配置的效率是衡量集约程度的主要标准，为数众多的巨额资产未能在国资企业手中充分发挥其潜力，也未能得到有效配置。从"十三五"关于改革的远景规划中我们可以看到，在未来一段时间内，国资体系将面临大洗牌，对国有企业进行全方位地整合与重新分配，国企数量可能会进一步减少。这样的举措是为了进行合理化的资源配置，增加经济发展的效益，实现经济发展的集约化。在这样的政策之下，目的是提高经济发展效益，但对于一直养尊处优的国有企业就带来了一定的风险，比如兼并和重组会给企业带来人员分流、资产重组等困难。

（4）技术密集型企业

技术密集型企业又称知识密集型企业，是指需要运用复杂的、先进的、现代化的科学技术才能进行生产的企业。"技术"包括先进的技术设备、高精尖技术产品和高知识水平的员工。这类企业通常具有如下特点：综合运用多门学科的最新研究成果，技术和设备先进且复杂，投资较大，科技人员所占比重高，员工平均人力资本水平较高，使用劳动力和原材料较少，污染较小，属于需要花费较多科研时间和产品开发费用、生产高精尖产品的技术领先部门，如交通运输设备、通信设备、通用设备、专用设备等，其中交通运输设备制造业的影响力系数[①]最高，达到 1.6497，而通信设备、计算机及其他电子设备制造业的影响力也相对比较高（见表4-3），这些部门对地区经济的拉动作用较大，对社会生产具有较强的辐射作用。从大连当前实际看，按照大连"十二五"规划选定的重点发展企业主要包括先进制造业企业（装备制造业是大连的支柱产业，全国装备制造业的龙头，在该类企业带动下，自主创新和产业结构调整取得突出成绩，对技术革新、经济发展的拉动作用较大）、船舶工业企业（重点发展大型集装箱船、超大型油轮、大型滚装船，优先发展海洋工程设备，加快研制浮式生产储油船、半潜式钻井平台、自升式钻井平台等设备，建设世界水平的造船和海洋工程产业基地）、电子信息产品企业（重点发展集成电路、半导体照明、数字视听等，打造世界级集成电路产业基地）、新能源产业企业（积极发展风能、核能、太阳能、生物质能源等；推进核电关键核岛设备及配套规模化生产，打造国内重要的核岛成套设备研制基地；加快节能与能源汽车规模化、产业化发展；建设国家级新能源产业基地）、新材料企业（重点发展航空航天、光电子、微电子、新型显示材料）、生物医药企业（重点培育疫苗与诊断试剂、重大新药创制、现代中药、生物医学工程、化学药物升级改造及海洋生物资源开发）、节能环保（重点突破高效节能、先进环保和循环利用技术；加快发展 LED 照明、太阳能热水器、水源热泵等产品，支持发展废弃物资源化、飞灰处理等静脉产业，推进碳的捕集和存储工程建设；建设国家城市矿产示范基地）。对于这类企业来说，政府转变经济发展方式过程中不会使其面临太多不利的风险，因为它们本身的集约化程度已经比较高，它们面临的更多的是获利机会。

[①] 影响力系数是反映国民经济某一个部门增加一个单位最终使用时，对国民经济各部门所产生的生产需求波及程度。当影响力系数大于1时，表示该部门的生产对其他部门所产生的波及影响程度超过社会平均影响水平；当影响力系数小于1时，则表示该部门的生产对其他部门所产生的波及影响程度低于社会平均影响水平。

表4-3　　　　　　　2012年各产品部门影响力系数

（按由高到低顺序排在前二十位的部门）

产品部门	影响力系数
交通运输设备	1.6497
通信设备、计算机和其他电子设备	1.6380
仪器仪表	1.6184
金属制品、机械和设备修理服务	1.5764
废弃资源和废旧材料回收加工品	1.5072
建筑	1.4561
造纸印刷和文教体育用品	1.4406
金属制品	1.4377
金属冶炼和延压加工品	1.4290
木材加工品和家具	1.4126
通用设备	1.3314
专用设备	1.3144
水的生产和供应	1.3122
电气机械和器材	1.2486
交通运输、仓储和邮政	1.1584
其他制造产品	1.1330
非金属矿物制品	1.1327
食品和烟草	1.1165
化学产品	1.1018
纺织服装鞋帽皮革羽绒及其制品	1.0911

资料来源：大连市统计局编，《大连2012年投入产出表》。

技术密集型是集约化所要努力达到的目标，也是许多粗放型生产的企业力求转型的方向。技术密集型企业是经济发展方式转变中鼓励、扶持和进一步深入发展的对象。在转变经济发展方式过程中，一些相关政策，例如，对资源的价格调整以及相关节能政策会逐步关停那些粗放型的资源、资本和劳动密集型企业，从而使这类型的企业有更好的获利机会。这类型企业的集约化程度已经比较高，因此在经济发展方式转换过程中的总体风险相对较小。然而，总体情况虽然较好，但是部分技术密集型企业规模偏小，产品利润率偏低，研发实力薄弱，长期停留在加工、组装的阶段，对外依存度高，企业根植性弱。此外，技术密集型企业还存在区域产业布局雷同（如四大城市组团区域内，先进装备制造业布局等存在一定的体系、产品交叉和重叠），产品同质化程度明显，低水平重复建设较多，或者产业集群的形式已经具备，但缺乏有效治理，凝聚产业的核心如信息、人才、服务等能力不足。这一部分技术密集型企业在转变经济发展方式过程中同样会面临一定风险。

4.1.3 第三产业企业面临的风险

第三产业在整个国民经济中的集约化程度要高于其他产业，从总体上来看，转变经济发展方式过程中，第一产业受到的不利影响最小，第二产业受到的不利影响最大，第三产业是未来的目标产业，主要表现为更多的获利机会，因此政府鼓励从第一产业、第二产业向第三产业过渡，这是转变经济发展方式的一个重要特征。虽然第三产业整体的集约程度要高于其他产业，但其内部也可分为相对粗放和相对集约的企业类型。本书在对第三产业企业风险的研究中，把第三产业中的服务业作为研究对象，将服务业中的企业划分为传统服务企业和现代服务企业：传统服务业是指存在时间久，为人们日常生活提供各种传统服务的行业，以劳动密集型服务企业为主，如批发和零售业、住宿和餐饮业等，集约程度相对较低；现代服务业是在工业比较发达的阶段产生的，主要是依托于信息技术和现代管理理念发展起来的，是信息技术与服务产业结合的产物，多以资本密集型服务企业和技术密集型服务企业为主，集约程度相对高。技术密集型服务企业一般是信息技术、科学研究等行业中的企业，资金密集型服务企业以物流行业企业为代表。但在现代服务业中，也有一部分劳动密集型的企业，由于结合了一定的技术而达到很高的效率。因此我们在识别风险过程中，以劳动力密集型服务企业、技术密集型服务企业、资本密集型服务企业的分类方式展开分析。

在转变经济发展方式过程中，由于劳动密集型服务企业主要来源于传统服务业，而传统服务业中的大多数企业集约程度低，因此劳动密集型服务企业在经济发展方式转变过程中所面临的风险就比较大。技术密集型服务和资本密集型服务企业来自现代服务业，集约化水平较传统服务业高，转变经济发展方式则会给这些企业带来更多的机遇或积极影响。此外，同一类型的服务企业集约化程度也各不相同，因此在研究过程中，我们将分别讨论。可以肯定的是，在按投入生产要素比例的分类中，即使劳动密集型企业中也拥有一定数量的集约型企业，技术密集型企业和资本密集型企业的集约程度一定也是高于劳动密集型企业的。

（1）劳动密集型服务企业面临的风险

对于传统型服务业中的劳动密集型服务企业而言，劳动力的投入大多数都是以简单的体力劳动为主，因此劳动力密集程度在传统服务企业中比在现代服务企业中相对更高。政府转变经济发展方式过程中劳动力的各种权益会日益完善，生产的劳动力成本会相应提高，这对以劳动力作为主要要素投入的劳动密集型企业来说风险更大。

有些劳动密集型服务企业在提供服务时，不仅需要投入大量劳动力，而且还需要投入相当数量的资源，例如餐饮业需要大量的水、电和煤气。在转变经济发展方式过程中，能源和原材料价格上升，或者限定废水和固体废弃物等排污量的措施，就意味着这些企业当期的生产成本会提高，从而给企业带来利润下降的风险。但是餐饮类企业的投入品通常相对稳定，而且替代效应小，因此当投入品价格变动时，整个餐饮行业的价格就会随成本的上升而上升，因此这类风险并非其主要风险。

在劳动密集型的传统服务企业中，集约化的程度主要体现在经营管理的改进上，从而使服务效率提高。因此在传统服务业内部就会有两类企业存在：一类是经营管理方式先进的集约型企业，另一类是经营管理方式落后的粗放型企业。先进的经营管理方式会在给企业带来高额利润的同时会增加企业竞争力，而那部分落后的粗放型服务企业就会面临着被行业所淘汰的风险。粗放型服务企业的关闭对于集约型服务企业来说是一个非常好的发展时机，因为它们会有更大的客流量，更能发挥高效率的优势，无疑这类企业是转变经济发展方式过程中的受益者。

（2）资本密集型服务企业面临的风险

资本密集型服务企业是指产出依托于资本投入量的服务企业，这类服务企业生产需要大量的资本投入。从发展规划上看，大连要建设"三个中心"，即东北亚国际航运中心、东北亚国际物流中心、区域性金融中心，为资本密集型服务企业奠定了强大的发展支撑。我们以现代物流业的企业为例，分析转变经济发展方式对这类企业的影响。现代物流业有几个特征：第一，物流过程一体化。现代物流企业将经济活动中供应、生产、销售、运输、库存及相关的信息流动等活动视为一个动态系统总体，关心整个系统的运行效率。第二，物流技术专业化。依托条形码技术、自动化技术、网络技术、智能化和柔性化技术，运输、装卸、仓储等普遍采用专业化、标准化、智能化的物流设备。这些现代技术和设施设备的应用提高了物流活动整体效率。第三，物流管理信息化。现代物流高度依赖于对大量数据、信息的采集、分析、处理和即时更新。从某种意义上说，现代物流竞争已成为物流信息的竞争。

对于现代物流业中这样的资本密集型服务企业而言，在转变经济发展方式过程中，能源价格、人力资源价格的提升会给其带来一定的成本上升和利润下降风险，但随着这部分成本在这类企业中的份额逐步降低，其面临的风险会越来越小。

（3）技术密集型服务企业面临的风险

在技术密集型服务企业中，一些是直接因信息化及其他科学技术的发展而产生的新兴服务业态，另一些是通过应用信息技术，从传统服务业改造和衍生而来的服务业态，例如计算机和软件服务、信息咨询服务等。随着产业不断升级，有一部分企业从第一、第二产业分离出来，向第三产业过渡，这些企业称为生产性服务业，一般具有高效、集约化的特点，如一些从生产领域分离出来的研发机构，还有从某些行业分离出来的咨询企业。技术密集型服务企业在未来大力发展的服务业中具有举足轻重的地位，在转变经济发展方式过程中会有更好的发展机会，其比较优势会得到更充分的发挥。

技术密集型服务企业和资本密集型服务企业都存在于现代服务业中，具有高人力资本含量、高技术含量、高附加值的"三高"特征，发展上呈现新技术、新业态、新方式的"三新"态势，具有资源消耗少、环境污染少的优点，是集约化程度高的代表。尽管现代服务业高效、集约化程度很高，但是还是存在企业集约水平的差异，整个现代服务业整体的集约程度仍然存在提升空间。转变经济发展方式对现代服务业的影响不显著，但在企业层面，不同企业受到转变经济发展方式的影响是不同的。

4.2 转变经济发展方式给不同地区带来的风险

大连的不同地区之间在自然资源、地理位置、发展基础、产业结构等很多方面都存在巨大差异，因此研究转变经济发展方式给不同地区带来的风险具有重要意义。结合大连全域城市化发展规划的划分，将全市 14 个县区划分为 4 个组团区：主城区组团地区包括中山区、西岗区、沙河口区、甘井子区、旅顺口区和高新园区；新市区组团地区包括金州新区、普兰店市和保税区；渤海组团地区包括瓦房店市和长兴岛经济技术开发区；黄海组团地区包括庄河市、花园口经济技术开发区和长海县。显然，每个地区都存在不同类型的产业，每个产业又存在不同类型的企业。研究政府转变经济发展方式给一个地区带来的风险，应该主要看转变经济发展方式对该地区主要产业内不同类型企业的影响。根据各个地区的发展实际，结合研究需要，对各个地区的主要产业进行归结：主城区组团地区主要以现代服务业为主，新市区组团地区主要以现代制造业为主，渤海组团地区主要以传统制造业为主，黄海组团地区主要以现代农业和食品加工业为主。

4.2.1 主城区组团区面临的风险

在大连，主城区组团地区经济较其他地区发达得多。经济发展主要以现代服务业为主，总部经济、金融保险、科技服务、商贸流通、信息服务、旅游会展为主体的现代服务业模式不断拓展，规模不断扩大，大连金融服务区、星海湾金融商务集聚区、金渤海岸现代服务业发展区、大连（西岗）现代服务业聚集区、大连青泥洼-天津街商贸流通聚集区等现代服务业聚集区不断形成。当然，主城区组团区域内也包含装备制造业以及其他工业产业，既有轻工业也有重工业，既有民营企业、外资企业也有国有企业，但相对其他组团区来说，服务业占有的比重更高，并且主要以现代服务业为主。因此，政府转变经济发展方式对于主城区组团地区的影响总体上表现为获利机会。

4.2.2 新市区组团区面临的风险

近年来，随着新市区发展定位、金普国家级新区获批等战略实施，新市区组团地区经济获得了高速发展。汽车电子、装备制造、数控装备等现代装备制造业发展迅速，产业集群不断形成。作为东北地区对外开放的龙头、大连新经济中心和现代产业核心区，政策、技术、人才等不断聚集。但也要看到，随着主城区地区的产业升级和内部结构调整，一部分企业，包括高投入、高消耗、低效率的粗放型生产企业由主城区地区逐步向新市区地区转移。这些企业的迁移对于新市区组团地区的影响主要有两个方面：一方面，从短期来看，这对于新市区组团地区是个机遇；另一方面，从长期来看，粗放型企业仍然是政府转变经济发展方式所需要调整的企业，因此潜在风险仍然很大。

4.2.3 渤海组团区面临的风险

在渤海组团地区，主导产业之一是制造业，或者更具体地说是装备制造业，其中重工业比重较大，需要大量的资本和资源的投入，即渤海组团区的制造业企业主要是资源密集型企业，是高投入、高消耗、高排放、低效率的粗放型生产方式的典型代表。转变经济发展方式意味着高投入、高消耗、高排放、低效率的粗放型生产方式难以为继，因此具有粗放特征的传统装备制造业一定会在政府转变经济发展方式的过程中受到严重冲击。在政府转变经济发展方式的过程中，企业不可能在短期内完成生产方式的转变，因此在技术条件既定的短期内，企业仍然保持原有的生产方式，随着政府控制土地、能源、人力等资源，日益理顺资源价格和维护劳动者权益，资源价格会上涨，劳动力成本会上升，企业利润会下降，这些最终会导致渤海组团区的经济增长率下降，失业人数增多。本地区的企业面临的这种风险，以及与此同时还有一部分企业在此过程中被迫关停，都会降低整个渤海组团地区地方政府的财政收入。同时政府还要对一些在此过程中受影响的企业进行补偿或补贴，从而进一步加大了财政负担。

还需要注意到的是，渤海组团区的工业中有相当一部分是以国有企业为主（如万宝至马达瓦房店有限公司、大连冶金轴承集团有限公司、大连万阳重工有限公司等），这些企业中有相当一部分粗放型企业是靠商业银行贷款进行投资建设，在政府加大转变经济发展方式力度的情况下，原材料和能源价格上涨、劳动力成本上升、缴纳污染费等原因中的一个或多个都可能导致这些企业的营利能力大幅下降，或者需要追加投资来提高技术水平、改变生产方式，或者被迫关停。无论上述哪一种情况，都会影响此类企业偿还银行贷款的能力，从而加大商业银行贷款的风险；如果是粗放型的上市公司，那么则会加大股市风险。

4.2.4 黄海组团区面临的风险

黄海组团地区的主导产业是以农业资源、海洋资源为基础形成的现代农业和食品加工业。农业体系中，黄海组团地区以发展现代型农业为主，着力建设以精品种植业、现代畜牧业、休闲农业为主的都市型现代农业带，以生态观光、休闲体验、度假疗养为主的休闲旅游带；打造现代海洋牧场和国际旅游避暑胜地。政府转变经济发展方式客观要求传统型农业生产方式必须转型，这对于以现代型农业为主的黄海组团地区来说是有益的。转变传统农业生产方式可以通过减少劳动力的投入，提高劳动力使用效率，采用先进技术（包括引入新品种）等方法，使得同样的劳动力、种子、化肥等投入获得更大的产出，提高现代农业发展效益，对于着力发展以农业资源、海洋资源为基础形成的服务业发展体系来说更是有益的。对属于劳动密集型企业范畴的食品加工业而言，其基于本地农业、海洋资源发展生产，在一定时期内企业的效益较好，但在转变经济发展方式过程中，需要企业加大技术、资金投入，提高企业生产效率，这就给企业生产经营带来一定困难，有可能会造成部分中小企业倒闭，形成就业岗位减少、财税收入下降等问题，考虑到第一产业和第二产业的比重关系在2014年为22.7∶46.0，第二产业在地区生产总值中占比较大，因此将会导致经济增速下滑。

5 转变经济发展方式过程中的风险评估和排序

5.1 风险评估

经济发展方式转型过程中的风险，是一种系统性风险。这种风险来自经济系统内部，容易造成社会经济系统的内部紊乱，经济效率的损失，国民福利下降，严重时会危及转型国家的经济安全，会导致经济转型失败或经济体系崩溃。

对于风险的评估，我们借鉴一个风险评估与排序的实用模型，对转变经济发展方式过程中的风险进行评估与排序。该模型认为，政府转变经济发展方式带来的风险即是以下三个要素发生的机会：

第一个因素是威胁——事件或行为，一般来自系统外部，可能在某些地方会对固有的弱点造成影响；

第二个因素是弱点——系统内部考虑之中的弱点，可能在某些地方被威胁所利用；

第三个因素是影响——短期与长期组织影响，威胁碰巧利用弱点。

具体而言，风险的估算公式①为：

$$R = T \times W \times I \tag{5-1}$$

或 $R = T \times W \times I \tag{5-2}$

其中，R 表示风险（Risk），T 表示威胁（Threat），W 表示弱点（Weakness），I 表示影响（Influence）。通过估算公式我们可以看出，具有高威胁、弱点或影响的系统是高风险的系统，但实质上则是由于威胁与弱点的组合造成影响的存在，显然包含至少两个较高水平因素的组合能产生比仅具有较低或中等水平因素组合更高的风险，例如，高威胁与高弱点的组合所带来的风险要高于低威胁与低弱点的组合所带来的风险。

为使用上述模型来进行风险评估，我们必须首先来计量各个单独组成要素（威胁、弱点和影响）。一种最简单的方法是将三个组成要素依次分成高（3分）、中（2分）、低（1分）、零（0分），根据估算公式（1）得到的风险分值在0~27之间，根据估算公式（2）得到的风险分值在0~9之间。

在对转变经济发展方式过程中的各种风险进行评估之后，我们根据评估结果的数值大小就可以直接对转变经济发展方式过程中的各种风险进行排序。

5.2 风险排序

政府转变经济发展方式意味着资源价格会显著提高（例如，控制土地、能源等的使用）、劳动力成本会有所提升（类似新劳动合同法这样的法律）、企业不再能够随意排污（例如，制定排污标准，超过标准部分付费，严重超标企业必须关闭）等。

① 佚名. 一个风险评估与排序的实用模型［EB/OL］.（2005-04-21）. http://www.gxjytcjc.net.

资源价格显著提高或制定严格排污标准，给第二产业带来的风险最大，第三产业的风险次之，第一产业的风险最小。在第二产业中，能源密集型企业的风险最大，资本密集型企业的风险居中，劳动密集型企业的风险最小，技术密集型企业会有更多的获利机会。在第三产业中，劳动密集型服务企业面临的风险最大，资本现代服务企业面临的风险最小，技术密集型企业有更多的获利机会。在第一产业中，劳动密集型服务企业的风险最大，资本密集型企业的风险最小，技术密集型企业有更多的获利机会（见表5-1）。

表5-1　　　　　　　　资源价格提高导致的风险排序

企业	第一产业的企业			第二产业的企业					第三产业的企业		
风险	最小			最大					居中		
企业	劳动密集	资本密集	技术密集	能源密集	资源密集	资本密集	劳动密集	技术密集	劳动密集	资本密集	技术密集
风险	大	小	有利	大	次大	中	小	有利	大	小	有利

劳动力成本提高，对于第二产业的风险最大，第三产业次之，第一产业最小；在第二产业中，劳动密集型企业的风险最大，资源密集型企业的风险居中，资本密集型企业的风险最小，技术密集型企业有更多获利机会。在第三产业中，劳动密集型企业面临的风险最大，资本密集型企业面临的风险最小，技术密集型企业有更多的获利机会。在第一产业中，劳动密集型服务企业的风险最大，资本密集型企业的风险最小，技术密集型企业有更多的获利机会（见表5-2）。

表5-2　　　　　　　　劳动力成本提高导致的风险排序

企业	第一产业的企业			第二产业的企业					第三产业的企业		
风险	最小			最大					居中		
企业	劳动密集	资本密集	技术密集	劳动密集	能源密集	资源密集	资本密集	技术密集	劳动密集	资本密集	技术密集
风险	大	小	有利	大	次大	中	小	有利	大	小	有利

6 转变经济发展方式过程中的风险传导

宏观风险的根源在企业，但很多企业的风险并不是直接转化为宏观风险，而需要通过一定的传导机制最终形成宏观风险。这种传导机制包括：（1）企业风险直接传递给宏观经济，形成宏观风险；（2）企业风险通过金融系统传递到宏观经济，形成宏观风险；（3）企业风险传递到其所在行业，形成行业风险，然后一部分行业风险直接转化为宏观风险，另一部分行业风险传导到地区，形成地区风险，然后再传递并形成宏观风险（如图6-1所示）。

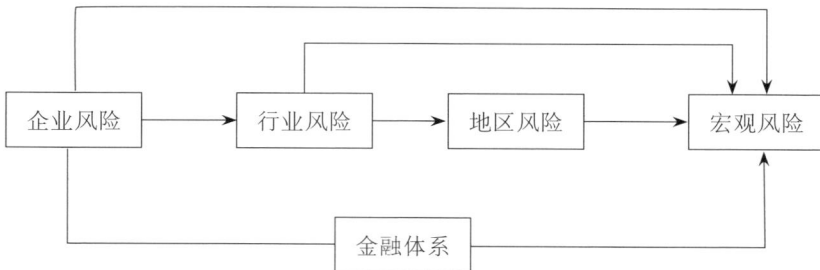

图6-1 风险传导路径图

6.1 风险传导机理

任何风险都存在一个起源，正所谓无风不起浪，只有有了风险源之后，风险才能开始对外进行广泛传播。在风险传播的整个过程中，还需要有一个传导载体，从一定意义上讲，风险在"真空状态"下是无法进行传播的。在风险传导载体内，传导载体自身存在类似于某种粒子运动，这些运动既可以减少风险，也可以放大风险。风险的积聚是外界风险进入系统，风险的释放是系统内风险向外界放出，或部分风险转嫁出去，而没有释放出去的风险则仍然在系统内积聚，最终传播到风险接受者。当风险的接受者无法承受或化解风险时，风险变成巨大的损失释放出来。风险又可以通过其接受者进一步向其他接受体传导，从而引起更广泛、破坏性质更大的风险。

6.1.1 风险源

风险源是风险传导的动力，它的大小将直接影响传播的距离长短与最后形成损失的大小，有效控制风险源的风险能量是控制风险的重要途径。对风险源进行控制，我们首先需要识别和评估风险，然后设法将系统总的风险能量控制在可以接受范围内。本书所强调的风险源，就是由于转变经济发展方式，在企业层面所形成的经济风险。

6.1.2 传导载体

在经济领域，风险的传导载体主要有技术、资金、人才和信息等集中于企业发展的生产要素，风险在这些载体内运动时，会分别形成技术风险流、资金风险流、人才风险流和信息风险流等。如果政府在宏观经济活动中具有良好的内控系统，就可以很好地控制正常的风险在企业微观载体内传播。如企业拥有较充足的资金，并留有一定的风险准备金，就可以应付一定程度的风险；又如政府科学规划、有效设定产业发展战略，企业能较好地鉴别各种投资项目的好坏，在技术上拥有高级人才，就可以保证企业所投资的项目在技术上的先进性和未来发展的前景；此外，如果企业具有良好的激励机制，同时也选用了高水平和高素质的管理人才，则企业的人力资源流失风险和委托代理的道德风险就会减弱；也可以建立良好的信息管理系统，既可以对社会上有效的信息进行收集了解，也便于企业拥有者及时了解和掌握宏观经济发展动态，推动企业良性发展。

6.1.3　风险的接受者

风险的接受者首先是企业自身，其次也可以是整个行业、区域，甚至是宏观经济。当风险能量大到一定级别，风险的接受者无法承受或转嫁，风险就直接转化成接受者巨大的损失，甚至企业破产、银行倒闭、区域财政紧张，通货膨胀、失业率增加等。这些损失又会变成新的风险源，再次进行传播，从而导致全社会的动荡。

6.2　企业风险的传导机制

6.2.1　风险的驱动力划分

（1）政府的驱动力量

马丁·耶内克等（2012）在《全球视野下的环境管治：生态与政治现代化的新方法》中提出了在生态现代化领域的两个驱动力量的观点，而经济转型所引发的经济风险，在很大程度上可以看作是生态现代化的引申，进而可以借鉴为经济转型发展中的风险驱动力量：其一，"明智的"政府规制的作用；其二，在一个多重环境规制背景下，污染企业面临越来越大的商业风险。可以看出，政府在推进经济发展方式转变过程中的作用尤为突出。政府的公共性及其服务功能（如资源管理者、社会制度的制定者、自然环境的保护者、社会意识形态的引领者等）决定了政府在推动经济发展方式转变中有着不可替代的作用。实现经济发展方式转变过程中可能会存在市场失灵现象，尤其是我国在进入 21 世纪以来，经济转型过程中的各种环境事件频发，环境问题上"政府失灵"现象尤为突出，政府在生态保护、生态管理和生态服务上应有的功能未能充分发挥出来，这就需要政府制定相关措施加以引导与支持。事实上，在对产业政策的引导、资源配置机制的制度性安排、生态创新的政策制度、消费者生态意识的提高、相关利益主体生态利益的调和及实现、非政府组织的发展与成熟等各方面无不需要政府的参与和引导，政府在这些涉及经济转型问题的解决机制中的作用至关重要。与国外推动经济转型是一种自下而上的实现机制不同的是，中国的经济转型的实现由于特殊的国情和特殊的发展路径，是一种由政府主导的自上而下的过程。因此，政府是推动中国经济转型发展的主要动力源，是实现经济可持续发展的主要行为主体。环境管制或生态规制、生态补偿等是政府推动经济转型进程中的一种重要手段和驱动力量，能够提升政府在经济转型中的引领能力，因而其也成为经济转型发展中风险的主要驱动力。

（2）市场的驱动力量

市场在经济转型的推进中发挥着不可替代的作用。市场的调节机制能有效调动各利益主体参与市场的积极性，尤其是生态产品的相关利益集团的利益实现更需要完善的市场调节机制。领导型生态产品市场作为经济转型的主要体现物，更能够发挥市场的重要作用。领导型生态产品市场具有以下基本特征：较高的人均收入，对生态产品质量要求较高的消费者群体，得到国际承认的较高的质量标准，为生态产品的生产者和使用者提供灵活多样的、有助于生态技术创新的框架条件。市场需要解决生态技术革新初创时期面临的许多困难，也必须为技术革新进行的研发投资提供相应的回报。成功的领导型市场不仅与先行者的潜在优势相连接，而且更能够为现代生态技术或环境友好技术的发展吸引潜在的投资者，如德国的可再生能源市场的发展就是领导型生态产品市场成功的典范。通常情况下，具有较高发展程度的发达国家（地区）既面临着较高的环境压力，同时也拥有应对这种压力的较高能力，如具备良好的制度基础、管理权能，具有较强的经济

（资源）支持及非政府组织的广泛参与等。环境规制的先行国家（地区）通过建立更高的环境标准可以向其他国家市场发送双重信号：首先，环境友好型技术的国家（地区）市场具有向更大更广市场扩展的基础；其次，其他国家（地区）为了占领市场也会采取这种革新性规则以制定相应的规制策略。同时，拥有较高要求的环境规制规则的先行性市场也可以向本国或本地区内部市场之外的供应方发出一种信号，即具有较高竞争力的企业能够向市场展示满足较高环境标准要求的产品供应能力。如美国加利福尼亚州比其他州制定了更严格的排放标准，对本地区、本国甚至世界范围内的汽车制造业产生了重要影响，以致满足零排放标准要求的电动汽车研发成功，有效地引领了产品向更高标准发展。面对人类对环境保护日益提高的要求，领导型市场的发展主要集中于绿色技术的扩散及注重对支撑其发展的政策措施的需求。因此，要想加快实现经济转型发展进程，需要建立领导型市场以实现如下功能：为典型环境问题提供一种市场化的解决方案；超前的环境标准或其支持机制能够保护其自身工业先行者的优势；超前的环境规制政策措施能够引发生态需求，吸引致力于环境革新和生态产品市场化的国内外投资者；严格的市场环境政策能够赢得经济优势，在经济与环境双赢中推进生态现代化。受先行性市场驱动的经济转型是一种与市场兼容的技术性革新战略。虽然到目前为止，经济转型的市场战略仍然具有严重的缺陷，但如能成功创建机制完善的产品市场，就能够为典型的转型问题提供一种市场化的解决方案，为经济转型发展的实现提供市场驱动力，同时也成为风险的重要驱动力。

（3）社会与公众的驱动力量

社会是指由具有一定联系、相互依存关系的人们组成的超乎个人的有机整体，是自然环境与经济发生关系的媒介。人类在一定的文化背景下，结成一定的社会组织形式，通过一定的科技手段同自然环境发生关系，同时对经济的转型发展造成影响。社会通常具有如下特征：社会成员之间联系紧密，具有复杂的组织结构，具有成员普遍认同的价值取向和文化特征，具有健全的社会分工体系和对环境的适存度，具有明确的区域界线和空间范围，具有主动的自我调节机制等。人类社会的发展是对人类文明的继承与发展。从原始社会到农业社会、从工业社会到文明社会，社会文明程度的高低会影响人类对自然的态度及利用自然资源、保护环境的方式和效率。其中科技的能动性、规章制度的约束力、社会文化的影响力和社会舆论的引导力是社会这一行为主体促进生态现代化进程的重要驱动力量。

民众不仅是经济转型风险的受益者，更是经济转型风险的承受者。美国环保政策的几个标志性进步几乎都是由民众推动而不是政府主导的。以国外的环保运动为例，这些环保运动就是通过民众的参与而壮大，最终形成强大的环境舆论导向，促使政府出台相关的环境政策。随着中国经济的发展，人们对经济转型发展的要求和对环境保护的要求均不断提升，由此导致资源压力剧增，环境污染加重，民众生活受到不同程度的影响。为了尽量减少环境对自身健康的危害，不少民众积极参与到环保事业中来。2011年大连PX项目的公民抗议活动就是民众参与环保事业的典型事件。国家环保部门也鼓励民众积极参与环保事业，并认为民众的参与和监督有助于环境问题的解决。《国务院关于落实科学发展观加强环境保护的决定》明确指出，要鼓励民众对涉及公众环境权益的发展规划和建设项目进行监督，多听取群众对环境问题的意见。环保总局《环评公众参与暂行办法》也强调民众参与环境治理的重要性，并指出要加强环境信息披露制度建设。民众参与经济转型发展是一种管理挑战，需要相应的人员和技能。另外，这种管理挑战是要塑造参与过程，从而将各种相关者的利益容纳其中，给予相关专家充分发表政策意见的机会和渠道。参与路径能够加强还是减弱政府环境政策的作用效力，主要取决于参与路径设计中的技巧使用。同时也要看到，人的自私属性所形成的非理性行为，比如基于城市规划、改建拆迁、企业搬迁和破产重组等问题引发的群体事件，对正常经济运转造成的影响，同样对于经济转型带来较大风险。民众参与经济转型的实现过程不应该阻碍有效的政策及政策运行中所需的宝贵时间和人力资源，同时也不能过分透支非政府组织的能力，以促进民众参与行为能够在促进长期政策发展中获得事半功倍的成效。因此，社会民众的参与活动能够促进政府对转型政策的再认知，促进经济转型与经济发展的双赢，更有利于促进经济转型的实现。

（4）企业的驱动力量

转型问题不仅影响到经济的发展，也影响人类社会的可持续发展。企业能够为社会创造财富，促进经济发展，但同时也是造成转型问题的根源所在（尤其是工业企业）。处理好经济发展与健康发展的关系实质上就是处理好企业发展与产业发展的关系。企业作为营利性的经济组织，其根本目的就是通过开展生产活动为社会提供商品或服务，并通过活动获得利润和竞争优势，确保自身的生存与发展。因此，利润最大化是企业生存的法则。然而，企业在追求利润最大化的过程中造成的资源浪费、环境污染等问题已威胁到人类的生存与可持续发展。正是面对这种关乎自身的生存与发展的挑战，人类开始重新审视发展与转型的关系。企业发展与经济转型共存共荣已成为现代企业发展的共识。这是因为，首先，良好的生态环境和充足的自然资源对企业至关重要。企业在追求自身利益最大化的同时应承担一定的社会责任，良好的环境是高质量生活的必备条件，而严重的环境污染和资源短缺会制约企业的发展，影响企业的发展质量和效益，达不到富民强国的目的。其次，企业的发展不仅要考虑当代人的需求，还要考虑子孙后代的发展需求。因此，追求企业可持续发展是当代人给后代人留下良好环境条件的必备的历史责任。再次，环境问题的出现并不是要求企业放弃发展，而是要求企业在发展中加以解决。没有企业的发展、没有企业的资金投入和科技的进步，环境条件难以改善，经济转型政策也难以奏效。经济转型问题产生于企业的发展过程，转型问题的解决和企业科技进步关系紧密。只有在企业发展进步的同时，对环境问题加以重视，对污染治理加大投资力度，才能使问题得以有效解决。企业的社会责任是促进企业加快生态转型的关键驱动力量。另外，污染企业所面临的日益增加的商业风险也是经济转型的一个新的驱动力量。污染企业正面临着能源资源的高价格波动和多层面、多行为主体参与治理的复杂局面等多种挑战。面对环境压力的挑战和公众对自身良好生存环境的渴求，企业只有进行以提高生态效率为发展方向的技术革新才能应对发展中的诸多挑战。

6.2.2 从企业风险到行业风险

由于每个行业有若干个企业，而且不同行业的企业特点差异又很大，因此本部分的分析首先从建立一个比较抽象的理论分析方法开始，然后再通过具体行业来说明企业风险到行业风险的传导过程。在这部分中我们选择汽车和石化两个行业作为主要研究对象①，但是我们的分析方法也适用于对所有行业的分析。

（1）理论分析框架

每个产业都包括粗放型企业和集约型企业，在转变经济发展方式的过程中，企业风险到行业风险的传递，可以通过风险传递函数来说明。

行业风险=F（措施，对称性，比例）

措施，是指为实现经济发展方式而采取的不同措施，如税收补贴、行政立法等；对称性，是指一种措施给一些企业带来的损失率与给同行业内另一些企业带来的收益的增加率是相同的；比例，是指一个行业中粗放型企业所占的比例。

我们将粗放型企业定义为由于转变经济发展方式的政策措施的实施，利润出现下降的企业。不同的企业利润的下降程度可能不同，但只要出现利润下降，我们就称之为粗放型企业。将集约型企业定义为由于转变经济发展方式的政策措施的实施，利润会增加的企业。当然，在这个过程中，也存在不受影响，从而利润不变的企业，这类企

---

① 这里选择汽车和石化两个行业，主要是基于大连产业发展实际，考虑这两个行业比较具有代表性。汽车业是大连近年来重点发展的产业，其中新能源汽车已经成为大连市"十二五"规划中优先发展的战略新兴产业；石化业是大连市的传统四大支柱产业之一，在全市经济中占有较大比重。

业没有不确定性，无益于我们对风险传导机制的分析，因此这里不予考虑。

具体地，我们可以分以下几种情况讨论：（分大类，讨论单独实施措施和联合实施措施）

①不同措施单独施行

A.每种不同转变经济发展方式的措施给企业带来的不确定性的程度是相同的，且在不确定性中的风险和收益是对称的，那么粗放型企业占的比例高（产值的比例高，下同）的行业，企业的风险就会形成行业的风险。例如，每种措施会降低粗放型企业10%的利润，同时增加集约型企业10%的利润，如果粗放型企业的比例为60%，那么每施行一种经济发展方式转变的措施就会使整个行业的平均利润率降低2个百分点。

B.每种转变经济发展方式的措施给企业带来的不确定性程度是不相同的，但不确定性中的风险和收益是对称的，那么行业风险大小不仅取决于粗放型企业比例，而且会随着措施的不同而不同。例如，粗放型企业的比例同样为60%，措施A降低粗放型企业10%的利润，同时增加集约型企业10%的利润；措施B降低粗放型企业5%的利润，同时增加集约型企业5%的利润，那么经济发展方式转变的过程中，实施措施A使整个行业的平均利润率降低2个百分点，但是实施措施B则使整个行业的平均利润率仅降低1个百分点。

C.每种转变经济发展方式的措施给企业带来的不确定性程度是相同的，不确定性中的风险和收益是不对称的，那么行业风险大小不仅取决于粗放型企业比例，而且会随风险和收益的相对差异而变化。例如，每种措施会降低粗放型企业10%的利润，同时增加集约型企业5%的利润，如果粗放型企业的比例为60%，那么每施行一种经济发展方式转变的措施就会使整个行业的平均利润率降低4个百分点，也就是使粗放型企业比例降低到50%，整个行业的平均利润率也会降低2.5个百分点。

D.每种转变经济发展方式的措施给企业带来的不确定性程度是

不相同的，不确定性中的风险和收益是不对称的。例如，措施A降低粗放型企业10%的利润，同时增加集约型企业5%的利润；措施B降低粗放型企业8%的利润，同时增加集约型企业4%的利润，则措施A会使整个行业的平均利润率降低2个百分点，措施B会使整个行业的平均利润率降低3.2个百分点。

②不同措施同时施行

在转变经济发展方式的过程中，如果多种措施同时执行，则风险可能被放大，也可能被抵消。以下只考虑两种措施同时实施的情形，多种措施同时实施的最终分析方法与两种措施同时实施的情况是相同的。

A.风险放大

其他条件都相同，只是同时施行两种不同的措施，例如，我们在前面情况2中讨论的A和B同时施行，如果与只采取措施A时相比，就会使行业的平均损失由2%放大到3%。

B.风险抵消

其他条件相同，措施A和措施B影响的粗放型企业比例均为50%，措施A降低粗放型企业10%的利润，同时增加集约型企业5%的利润，那么，措施A会降低行业利润2.5%。措施B降低粗放型企业5%的利润，同时增加集约型企业10%的利润，措施B会增加行业利润2.5%。因此措施A和B同时施行的最终影响是整个行业的利润不变。

C.收益增加

其他条件相同，措施A影响的粗放型企业比例为60%，措施B影响的粗放型企业比例为40%，措施A降低粗放型企业10%的利润，同时增加集约型企业10%的利润，那么，措施A会降低行业利润2%。措施B降低粗放型企业5%的利润，同时增加集约型企业10%的利润，措施B会增加行业利润4%。因此措施A和B同时施行的最终影响是整个行业的利润增加2%（4%-2%=2%）。

（2）汽车业中从企业到行业风险的传导

转变经济发展方式的实现过程中节能减排和发展新能源对汽车制

造企业有很直接的影响。针对汽车行业的具体政策措施很多：实行新能源汽车的税费优惠政策，包括购置税优惠、停车费减免、政府优先采购等政策；在限制车辆通行的区域，低排放的新能源车型更容易获得通行资格；国家相关部委也在不断出台针对小排量轿车、混合动力汽车的税费优惠政策。

这些政策的实施对不同企业的影响具有不对称性。短期内，只能有少部分企业能从中获益，因为新能源车型审批条件很严格，对自主研发能力等有明确的要求，基本方针是至少要满足混合动力研发中三大关键技术的其中一条，方可获得量产资格。这三大技术包括整车控制策略，电池与电池系统的管理，电机系统控制。

同时，这些符合要求的企业所生产的车型所面临的市场是不同的，如果生产的车型的需求价格弹性小，例如，对于商用车购买者来说，购买价格和使用成本就基本不是他们消费决策的决定性因素，那么优惠政策带来的汽车销售价格的下降，不会引起销售量的大幅增加，利润很少增加。如果生产的车型的需求价格弹性大，比如它们的目标市场是家庭消费类，由于油价的上涨，其燃油经济性相比传统动力轿车提高10%~30%，消费者更多考虑减少汽车使用费用，那么对新能源汽车的优惠政策加之"节能减排"的政策就会给相应企业的利润带来很大提升。

通过以上分析，我们可以看到一个政策对不同企业的影响是不对称的。当行业内所有企业加总收益大于加总损失，行业利润增加，汽车行业从转变经济发展方式的政策中获益；反之，行业利润下降，汽车行业由于转变发展方式而受损。

（3）石化行业中从企业风险到行业的传导

石化行业属于典型的高污染、高能耗和资源型的两高一资行业。转变经济发展方式中，各项政策的推动对石化行业带来的不确定性与汽车行业相比是更加明显的。2007年以来，国家加大了节能减排的政策力度，对氯碱、电石等高耗能行业严格实施差别电价，施行电石、氯碱行业准入政策，减少或取消化工产品的出口退税，2007年7

月1日起施行的出口退税率下调，涉及的化工产品占化工类商品税号总数的95%。

从图6-2中可以看到，在经济发展方式转变过程中，伴随各项政策措施的不断推进，全市石化行业内不同类型的企业受到的影响是不同的。能耗小、资源依赖性相对低，技术含量相对高的橡胶、化学纤维制造等精细化工类企业的利润保持增长，这是因为在化工生产的链条中，精细化工产品属于高附加值产品，企业属于技术密集型企业，因此是经济发展方式转变中的受益者，而行业内的其他类型企业基本处在一个很低的利润水平上，面临的外部需求、内部生产压力较大，利润处于负增长。总体来看，在经济发展方式转变的过程中，受损企业多于受益企业，行业整体利润是下降的，即行业承受的风险较高。

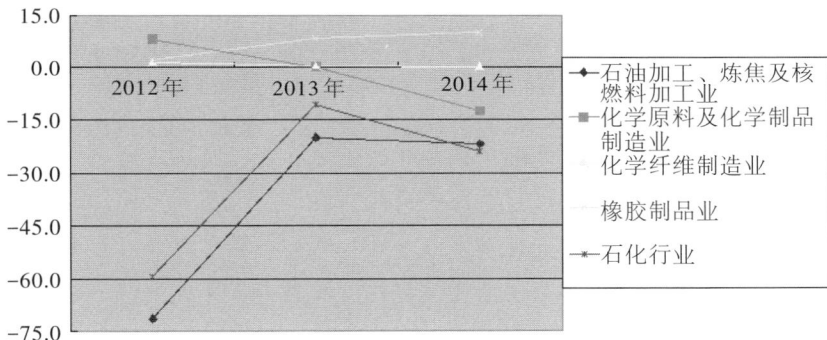

图6-2　2012—2014年石化行业利润变化情况（单位：亿元）

6.2.3　从企业风险到宏观风险

本小节论述的从企业风险到整个宏观经济风险的传导，是指企业风险不通过其所在的行业引起的宏观经济风险。这又分为两种不同的情况：一种是企业的风险直接构成宏观风险的一部分，可称为企业风险传导的直接形式；另一种是企业风险通过金融体系间接形成宏观风险，可称为企业风险传导的间接形式。

（1）企业风险传导的直接形式

在企业的可变成本中，人工成本占有相当的部分，当转变经济发展方式引起企业总成本的上升和利润下降时，企业最先考虑的就是降低人工成本。当企业可以自由选择劳动力的使用数量时，企业就会辞退工人，企业每少使用一个工人就有一个工人下岗，整个宏观经济直接表现为失业的增加。

转变经济发展方式中的受益企业由于利润的提高，会有更多的自有资本积累，那么是否能够通过扩大再生产来吸收粗放型企业中的下岗工人呢？这至少在短期内是不可能的。原因在于，第一，企业扩大再生产存在建设时滞，在短期内无法形成生产能力，也就无法产生对新工人的需求；第二，一个利润最大化的企业，要减少劳动力投入，必然从效率最低的工人依次辞退，粗放型企业的工人的平均技能水平原本就低于集约型企业，而对粗放型企业的下岗工人进行培训使之能够胜任集约型企业的工作需要一定的时间，所以在短期内必然会存在摩擦性失业。

（2）企业风险传导的间接形式

有的企业风险不通过行业而是直接传导到整个宏观经济，这其中的媒介是金融体系。转变经济发展方式过程中，粗放型企业的利润下降，甚至破产，它无法按期偿还或者根本无法偿还银行贷款，造成银行的呆账和坏账，给银行带来诸多的非系统性风险。这其中包括信贷风险、流动性风险、资本风险等。银行信贷风险是指借款人到期不能或不愿履行还款付息致使银行遭受损失的可能性。无论是企业破产，以及税后利润下降至不足以支付银行利息的水平，都使得企业无法还款，甚至不能按时交纳利息。银行的流动性风险是指商业银行没有足够的现金来清偿债务和保证客户提取存款而给银行带来损失的可能性。银行的资本风险是指商业银行资本过少，不能抵补亏损以保证商业银行正常经营的可能性。同时这几类风险又是相互强化的。如果银行产生信贷风险，信贷风险能引起不良资产的沉淀，从而降低商业银行的流动性，引发流动性风险；不良资产也在一定程度上影响了商业银行的资金周转和利息回收，从而影响了商业银行的营利能力，引发营利风险；不良资产在一定程度上还侵蚀了商业银行的自有资本，从而引发了资本风险。另外，从机会成本角度看，银行的信贷能力是一定的，如果借贷给粗放型企业的份额较大，那么留给集约型企业的资源就会相应降低，从一定程度上来看也是降低了宏观经济的整体效率，提升了宏观经济的风险。

如果受经济发展方式转变影响的粗放型企业的贷款集中在某个银行且企业数量足够多，就可能会导致该银行的倒闭或挤兑，当挤兑浪潮迅速席卷其他银行，信用体系就会崩溃，整个宏观经济就面临极大的风险。

因此，在转变经济发展方式中，要考虑具体措施涉及的在银行负债较高的企业比例。全国性的、规模大的银行，风险承受能力较强。这里要特别关注的是地方性的商业银行（比如大连银行），由于其规模不足，风险承担能力小，不需要太多企业的呆账坏账就可能使其面临倒闭的威胁，然后危及整个银行体系，进而威胁整个宏观经济的平稳运行。

6.3 行业风险到地区风险的传导

6.3.1 地区划分

大连区域经济的产生，应该说是依据其经济发展水平与地理位置的长期演变而形成的，大连区域整体上可划分为四个经济区域（地带），在"十二五"规划中，也被定义为"四大城市组团"。近年来，按照"四大城市组团"布局，大连规范开发空间，优化产业布局，加快全域城市化基础设施建设，引导人口合理布局，构建城乡功能、产业、设施、社会、公共服务一体化发展格局。"四大城市组团区"由于自然条件与资源状况的不同，因而有着各自的发展特点。

主城区组团地区，主要包括中山区、西岗区、沙河口区、甘井子区和高新园区。这五个区位于中心地带，发展基础好，集中了全市金融、商务、信息、科技等资源，劳动者素质较高，技术力量较强，服务业基础雄厚，在全市整个经济发展中发挥着引领作用。

新市区组团地区，主要包括金州新区、普湾新区和保税区，是第十个国家级新区，港航物流、装备制造等资源丰富，是大连对外开放的龙头和现代产业核心区。

渤海组团地区，主要包括瓦房店市和长兴岛经济技术开发区，位于大连西部渤海沿线区域，绿色能源、石油化工、船舶制造等产业比较发达。

黄海组团地区，主要包括庄河市、花园口经济区和长海县，位于大连东南黄海沿线区域，是国家级新材料基地和辽宁沿海重要新型产业基地，农业、渔业、旅游业资源发达，海洋经济发展较好，新能源、生物制药、节能环保等战略新兴产业比较集中，是国家级新材料基地和辽宁沿海重要的新型产业基地。

6.3.2　各地区的支柱产业①

主城区组团地区中各区建区时间较早，地理位置优越，工业化过程开始得较早，产业转型发展较快，人力资源比较集中。主城区第一产业、第二产业中的劳动力迅速向第三产业转移，使得第三产业成为主城区的支柱产业，2014年第三产业增加值占GDP比重达到64.5%，而第三产业中的技术密集型行业和资本密集型行业正成为主城区的支柱产业。

新市区组团地区的经济发展与主城区联系紧密，随着主城区产业转型发展的不断深入，国家政策的不断倾斜，新市区组团地区已经成为主城区产业梯度转移和外部经济互联的主要承接区域，特别是国家级新区——金普新区获批后，大量的资金、项目不断涌入。现代制造业是新市区的支柱产业，2014年制造业增加值占GDP比重达到48.4%。

---

① 各地区的支柱产业的选择依据主要有这样几个方面：首先是在组团区内增加值占比较大的产业，其次是作为重点发展的产业，最后是区域内传统产业。因为各组团区内各区的实际情况有所差异，出于对问题研究的便捷性和对比性，这里不做更多的考虑。

渤海组团地区具有完善的工业基础，围绕轴承、机床和石化建立起完备的产业体系，第二产业中的装备制造业和石化产业是渤海组团区的优势产业，聚集了大量的产业技术工人。经济中第二产业比重较大，而第二产业中的制造业多是改革开放时期形成的，这些大中型国有企业受制于政策和自身发展压力，包袱较重，技术水平相对较低，以粗放型的制造业为主，经济效益不高；石化产业链条较短，聚合多，深加工少，高附加值产品少，部分企业面临产能过剩的压力较大。

黄海组团地区得天独厚的自然条件使其成为全市重要的粮食、海产品主产区，农林牧渔业增加值大约占到全市农林牧渔业增加值的40%，GDP占到全区GDP比重的1/4，并且在部分地区形成了农场化的生产模式（农业生产使用大量机器设备），围绕农产品资源形成了食品加工业为主体的制造产业。因此，农业和食品加工业是黄海组团区的支柱产业。

6.3.3　各地区面临的相关风险及其传导

（1）主城区组团区

主城区不同县区的支柱产业不同，因此，转变经济发展方式的相关措施对主城区的不同县区影响也不同。资本密集型和技术密集型服务业在中山区、西岗区、沙河口区和高新园区获得巨大的发展，金融、商务、商贸和信息技术等现代服务业成为这些县区的支柱产业，而这些产业的发展对资源、能源的依赖较弱，因而转变经济发展方式的相关措施不会给这些地区带来风险，相反会给它们带来进一步发展现代服务业的机会，并因而能够促进经济发展和就业。

而转变经济发展方式的相关措施会给该地区内将传统制造业作为支柱产业的地区（甘井子、旅顺）带来一定风险。这些措施会改变制造业的外部环境（如劳动力、能源和其他投入品的价格会上升，并且政府会制定并实施各种税收、限产等限制性措施），并限制这类产业的发展。因此，转变经济发展方式会使这些地区的一些企业倒闭或向其他地区转移，并在短期内形成就业和财政压力。

（2）新市区组团区

新市区是全市人口较为集中的地区，人口基数大并且农业人口比重较高，因此转变经济发展方式会使这一地区从农业中转移出的劳动力数量大大增加，并在短期内给这一地区带来较大的就业压力。

近年来，新市区成为全市政策、资金和人才汇聚较为集中的区域，特别是金普新区获批为国家级新区，将会给该地区带来更大的发展机遇。在产业规模扩大的同时，产业类型叠加、部分行业产能过剩等问题也同时存在，转变经济发展方式的相关措施会对新市区的高能耗、低端生产领域的行业形成巨大冲击，短期内会造成企业倒闭、工人失业以及当地税收和GDP的降低。而这些行业若要转变经济发展方式就需要大量的资金和技术投入，这会给企业和投资者带来巨大的不确定性，这一不确定性的存在可能会限制投资者的投资动力，从而不利于本地区相关产业经济发展方式的转变。

在经济发展方式转变的过程中，主城区的一些制造业会向新市区转移，因此新市区在这一过程中也获得了较多的发展机会，并且由于农业转移出大量劳动力为这类产业提供了充足的劳动力，这也成为新市区承接主城区转移出的加工制造业的优势，并与主城区形成产业梯度，此外主城区的生产性服务业发展也会给新市区制造业的发展提供技术支持。

转变经济发展方式给新市区带来的风险最大，这表现为如下几个方面：第一，这一过程会使农业和高耗能、高污染行业产生大量的剩余劳动力，不利于新市区的社会稳定；第二，转变经济发展方式可能导致新市区各县区的GDP和税收在短期内下降，这会限制地方政府转变其经济发展方式的积极性；第三，新市区高耗能、高污染企业的关停或倒闭可能会给地方金融机构带来金融风险，如果一些企业是靠地方银行的贷款建立，而转变经济发展方式的措施过于严厉会直接导致这些企业的倒闭；第四，转变高耗能、高污染企业的增长方式需要大量资金和技术的投入，而新市区的这类企业经济效益不高，融资风险较大。

（3）渤海组团区

渤海组团区是全市传统装备制造业和石化产业发展的重要地区，转变经济发展方式的相关措施给该地区既带来了风险又带来了机遇，主要表现在：

第一，转变经济发展方式给渤海组团区的产业发展带来风险和机遇。相关组团地区在转变经济发展方式这一过程中会增加对机器和设备，尤其是高技术的机器和设备的需求。这给渤海组团地区的现代装备制造业发展提供了市场机会，但同时也带来了不确定性。装备制造业的技术升级和改造需要大量的资本投入、高级技术工人和企业管理的现代化，需要更多的资金和政策支持，这都给其造成了巨大财政、金融压力和不确定性。

第二，由于渤海组团区以石化和装备制造为支柱产业，转变经济发展方式短期内会对高污染、高耗能和低效率企业实施限产、关停等措施，导致经济增速下降、财税收入减少和就业机会降低，给地区发展带来更大的压力。

第三，转变经济发展方式的过程中，渤海组团区急需发展其自身生产性服务业，为其装备制造业的改造和升级提供技术支持，而这一需要可以为本地区创造更多的发展机会（新项目、就业等）。

（4）黄海组团区

黄海组团地区地域广阔，资源丰富，劳动力成本低，区位优势明显，黄海组团地区要转变经济发展方式、推进产业结构调整，首先要利用和发挥好地区的比较优势，比如丰富的自然资源、农业资源，充足的人力资源，特色旅游资源及区位优势等，着重发展规模化新材料、生物制药、新能源、旅游业以及特色农业等优势产业，在经济发展方式转变过程中将获得较大的发展机遇，特别是将有效解决劳动人口就业、城镇化等实际问题。

6.4　地区风险到宏观风险的传导

风险的传递最终将会到达宏观层面，从行业风险传递到地区经济，最终会由地区风险向宏观风险传递。但由于各个地区的经济结构、发展水平等差异，这种传递的程度和产生的效果也是不同的。

6.4.1　目标一致性

地区风险到宏观风险的传递程度取决于县区政府目标与市政府目标的一致性程度，地方的财政实力。

（1）目标一致，利益一致

县区政府与市政府的目标一致时，在转变经济发展方式过程中，目标变量受到威胁时，县区政府就会去化解风险，保证自己的目标能够实现。在这种情况下，县区政府的财政实力就很重要，因为短期内风险的化解是需要财政实力支持的。下面就县区和市政府共同关注的目标——GDP和失业率来进行具体分析。

在增加GDP方面，县区政府是有足够动力的。这是因为GDP是政绩考核的硬指标，在县区官员的升迁竞争中，具有重要的作用。尤其是财政分权后，财政包干制给予地方政府强烈的财政诱因去扩大税基和发展经济，降低对经济活动的不当管制。此外，财政分权使县区政府有较大的诱因去积极提升县区公共财政的量与质，包括县区行政与法规、吸引外资、对外经济活动的行政措施、切合时宜的法规制度与生产性的基础设施等，这些公共财政的提供能够直接促进经济发展、扩大税收基础。

在市政府要求节能减排政策下，一个以高能耗、高污染产业为主导行业的县区经济受到的巨大冲击是显而易见的。此时，如果这个县区政府的财政实力很强，它就有能力把风险控制在县区层面，而不会传递到整个宏观经济。当地县区政府可以降低税收或发放补贴的方式，转变企业的生产方式，来实现产业的升级，提升原产业的生产集约度，或者直接大力培育新的主导产业，发现新的经济发展点，这样县区 GDP 增长速度依然不会下降。

失业率的高低直接关系到县区的稳定性。一个不稳定的经济环境会大大削弱招商引资的能力，而这种方式在县区政府发展经济中占有很重要的地位。因此，县区政府有动力将失业率控制在一定的范围内。兴建公共设施在促进增长的同时，可以快速解决失业的问题，因此，失业风险就会被锁定在地方。

当县区政府缺乏化解风险的足够财力时，虽然县区政府希望在本方层次将风险化解，但巧妇难为无米之炊，县区层面的 GDP 下行可能直接导致全市层面的 GDP 下降，地方失业率的增加会在全市层面表现出来。

（2）目标不一致，利益不一致

当县区政府和市政府目标不一致，县区的财政实力在风险传导中不起作用。

市政府的目标之一是要实现经济的平稳发展，避免经济的大起大落，也就是有熨平经济周期的作用。市政府反经济周期的政策工具主要是财政政策。但是，在转变经济发展方式的过程中，经济结构发生调整，县区政府在新的激励下，行为也会发生变化，政策效果的不确定性就会增长。

市政府反经济周期的具体目标基本可以概括为控制通货膨胀，保证经济发展。例如，在每年《政府工作报告》中，市政府在新一年的工作目标包括国内生产总值增长、居民消费价格水平降低等。这里还需说明一下，这些目标向人们传递的是市政府希望保证一定的增长率，这其中的一个原因是就业也是一个重要的目标，根据奥肯定律，GDP 的增长会带来就业岗位的增加，从而实现对失业率的控制；同时，GDP 增长目标也有引导预期的作用，它引导企业和居民形成政府会防止经济过热的预期。

但是，县区政府不会设定反经济周期的目标。县区政府只设定 GDP 增长的下限，而不设定上限，通货膨胀率的指标根本没有提及，当前实际上各县区也很难获得相关的通货膨胀指标数据。因此，只要有利于本地区的经济发展，县区政府就会全力推动，而不会考虑发展是否会引起全市的经济过热。

在转变经济发展方式的过程中，根据节能减排的要求，县区会推动对节能设施的建设、环保设备的购置，因此，县区虽然会减少高能耗、高污染行业的投资，但是对环保设备的投资却会增加，最终的结果很有可能是总投资上升。作为总需求的一个重要组成部分，当其他部分不发生变化时，投资需求增加引起总需求的增加，总需求的增加会使国内生产总值增加，同时引起价格水平的上升，使整个宏观经济面临过热的风险。

6.4.2 地区不平衡性

以上的分析没有考虑地区发展的不平衡性，这里我们所说的不平衡性主要用人均收入来衡量。考虑到县区间经济发展的不平衡后，县区经济的风险加总后形成的全市经济风险有两种可能的情形。

（1）风险的彼此加强

由于地区发展的不平衡，经济发展快的地区，基本决定了整个经济的增长速度，因此增长快的地区的风险就在整个地区经济中占有很大的比重。

从大连的实际看，人均收入水平低的地区中粗放型生产的行业占有很大比重，而且由于县区政府的财力有限，在转变经济发展方式的过程中，化解诸如GDP下降和失业风险的难度较大。同时，在转变经济发展方式的过程中，经济实力强的县区如果也出现了GDP下降和失业增加的情况，那么这两类地区间的风险加总后就会形成宏观经济风险。

（2）风险的彼此抵消

经济发展方式转变可能会降低一个地区的GDP增速，但同时却会给另一地区的经济发展带来新的机遇。因此从GDP指标来看，两地的GDP增速可能没有变化，在两地经济的范围内，可以提供的总的就业岗位没有变化。在要素可自由流动条件下，产业可以跨地区转移，某一地区的经济面临衰退危险时，就业岗位减少，劳动力可流动到其他经济景气的地区来分享其新增加的经济岗位。这样在全市层面上就不会出现失业的宏观风险。

6.5 风险传导的动态分析

6.5.1 基本理论

第一，行业风险是否能传递到宏观层面取决于经济结构，即该行业的产值占整个经济总产值的比重大小，是否为主导行业。如果是主导行业，那么它影响整个经济的权重就大，它的风险会很容易转化为整个经济的宏观风险，这一点的分析思路与企业风险传导到行业的风险传递方式类似。

第二，有的行业虽然占整个国民经济的比例不是很大，但其产业关联度高，这就会通过其他行业放大本行业的风险。产业关联是指产业间以各种投入品和产出品为连接纽带的技术经济联系。产业关联可分为前向关联和后向关联。前向关联是指通过供给与其他产业发生的关联；后向关联是指通过自身的需求与其他部门产生的关联。前向关联度用感应度系数来衡量，感应度系数是指国民经济各部门增加一单位最终产品，某部门因此而受到的需求感应程度，即需要该部门为其他部门生产而提供的投入品的数量，行业的感应度系数越高，其前向关联度就大。后向关联度用影响力系数来衡量，影响力系数是指当某一部门增加一个最终产品的生产时，对国民经济各个部门所生产产品的需求波及程度，行业的影响力系数越高，其后向关联度就越大。

表6-1的数据主要是根据大连影响力系数、感应度系数排在前20位的产业部门情况，筛选其中影响力系数和感应度系数相互交叉的产

业部门，进行整理得出 9 个产业部门的产业关联度情况表。金属制品、机械和设备修理服务业的影响力系数为 1.5764，也就是说当该部门增加一单位的最终产品时，对国民经济各部门产生的需求推动超过所有部门平均水平 57.64%。金属冶炼和压延加工业的感应度系数为 4.9651，这意味着当全社会最终产品增加一个单位时，就需要金属冶炼和延压加工业增加 4.97 个单位的产值量，也就是说该部门的增速必须是其他部门的 4.97 倍。

表 6-1 　　　　　　　　大连相关部门的产业关联度

投入产出部门	影响力系数	感应度系数
金属制品、机械和设备修理服务业	1.5764	1.4392
废弃资源和废旧材料回收加工业	1.5072	1.8641
造纸印刷和文教体育用品业	1.4406	1.6102
金属制品业	1.4377	1.0791
金属冶炼和延压加工业	1.4290	4.9651
通用设备制造业	1.3314	1.4484
电气机械和器材制造业	1.2486	1.0330
交通运输、仓储和邮政业	1.1584	1.9225
化学产品加工业	1.1018	3.5013

资料来源：大连市统计局编，《2012 年大连投入产出表》。

从表 6-1 中可以看出，产业关联度最高的行业分别为金属制品业、机械和设备修理服务业，废弃资源和废旧材料回收加工业，造纸印刷和文教体育用品业，金属制品业，金属冶炼和延压加工业，通用设备制造业，电气机械和器材制造业，交通运输、仓储和邮政业，化学产品加工业。这些行业不仅前向关联度超过了 1，而且后向关联度也超过了 1，当某行业的影响力系数大于 1 时，那么该行业的生产对其他部门的影响程度大于全社会的平均水平，因此对其他行业产生了广泛的影响。

在大连产业关联度高的行业中，除交通运输、仓储和邮政业外，其他都属于第二产业，而且这些行业中大部分都属于高污染、高能耗和资源型的"两高一资"行业。在转变经济发展方式过程中，对这些行业采取的具体政策包括：贯彻落实产业政策，积极推进产业结构调整；加强行业准入管理，加快淘汰落后产能；严禁通过减免税收等各种优惠政策招商引资、盲目新上高耗能项目；推广先进适用技术，落实完善差别电价政策。因此，这些产业受到的冲击也是比较大的。

本书在论述企业风险到行业风险传导的过程中，已经详细说明了石化行业在转变经济发展方式中的风险，石化行业又是高关联度行业，因此，本部分我们继续以石化行业为例，说明高关联度行业如何通过其他行业来放大自己的行业风险，进而增加宏观风险。

石化产业的上游行业为石油、天然气、煤炭、原盐、矿产资源（如磷矿、硫铁矿、石灰石等）、粮食或天然植物资源；下游行业为汽车、电子、纺织、建筑、国防军工等。全市目前的化学工业总体上属于"两高一资"行业，在转变经济发展方式的过程中，属于重点调整的行业，存在行业风险。其由于具有高关联度，因而对上游行业的石油、天然气、煤炭、原盐等行业产品需求就会减少，使其上游行业销售收入下降，总利润降低；同时，对其下游行业如汽车、电子、纺织等或者出现原材料供应不足，或者出现原材料价格上升的情况，增加下游行业成本，降低下游行业的总利润。因此，其高关联度将自己的风险传递给了很多相关行业。一个行业的风险通过引起其他行业的风险，使风险放大、失业增加、GDP增速下降，宏观经济的风险随之增加。

6.5.2 行业之间风险的传导

本部分选择当前大连经济发展方式转变过程中面临调整的重点行业（石油、化工、钢铁、有色和电力），对其风险传递到其他行业

（房地产、汽车）的程度和时滞进行定量分析①。此处进一步明确本书中行业风险的定义，它是指在转变经济发展方式中行业所面临的不确定性，包括两方面的内容：一方面是行业可能会面临损失，另一方面是行业可能得到的收益。

（1）VAR模型

VAR（Vector Autoregression）模型，即向量自回归模型，通过把系统中每一个内生变量作为系统中所有内生变量的滞后值的函数来构造模型，从而避免了结构化模型使用经济理论对计量模型施加先验的约束而产生的问题。

一个p阶VAR模型，即VAR（p）模型的一般表达式为

$$y_t = A_1 y_{t-1} + \cdots + A_p y_{t-p} + Bx_t + \varepsilon_t \quad (6-1)$$

这里y_t是一个k维的内生变量，x_t是一个d维的外生变量。$A_1,\cdots,A_p$和B是要被估计的系数矩阵。ε_t是扰动向量，它们相互之间可以同期相关，但不与自己的滞后值相关及不与等式右边的变量相关。即

$$\begin{pmatrix} y_{1t} \\ y_{2t} \\ \vdots \\ y_{kt} \end{pmatrix} = A_1 \begin{pmatrix} y_{1t-1} \\ y_{2t-1} \\ \vdots \\ y_{kt-1} \end{pmatrix} + A_2 \begin{pmatrix} y_{1t-2} \\ y_{2t-2} \\ \vdots \\ y_{kt-1} \end{pmatrix} + \cdots + BX_t + \begin{pmatrix} \varepsilon_{1t} \\ \varepsilon_{2t} \\ \vdots \\ \varepsilon_{kjts} \end{pmatrix} \quad (6-2)$$

根据我们所研究的问题，即转变经济发展方式的过程中"两高一资"行业的风险对其他行业的影响，我们分别设定5个VAR模型，5个模型中的向量y分别为（石油，房地产，汽车），（化工，房地产，汽车），（钢铁，房地产，汽车），（有色金属，房地产，汽车），（电力，房地产，汽车）

此部分使用的数据为2005年第一季度到2014年第一季度的季度数据，根据大连市统计局季度统计数据资料整理。由于是季度数据，我们首先使用X-11方法进行了季节调整。为防止出现伪回归，我们使用ADF检验和PP检验对数据的平稳性进行了检验，并使用约翰逊检验考察了变量间的协整性。最优滞后阶数通过AIC和SC信息准则来选择。检验结果在表6-2中列出。

_____

① 这里的行业选择一方面是依据大连的产业实际，另一方面考虑数据的可靠性、连贯性和可操作性，再就是行业关联度。

表6-2　　　　　　　　　　模型的设定和检验

模型	变量	平稳性	协整检验	最优滞后阶数
模型1	石油 房地产 汽车	I（1） I（1） I（1）	通过	5 （89.97202） （92.17062）
模型2	化工 房地产 汽车	I（1） I（1） I（1）	通过	5 （89.00136） （91.19997）
模型3	钢铁 房地产 汽车	I（1） I（1） I（1）	通过	5 （87.62422） （89.82282）
模型4	有色金属 房地产 汽车	I（1） I（1） I（1）	通过	3 （89.44865） （90.79544）
模型5	电力 房地产 汽车	I（1） I（1） I（1）	通过	4 （86.97280） （88.74140）

注：最优滞后阶数栏中的括号内的值分别为AIC值和SC值。

（2）风险的动态传导过程

风险的动态传导过程可以使用脉冲响应函数来得到。5个行业的风险传导到房地产业和汽车业的动态过程可以通过以下5个图（图6-3—图6-7）反映出来。

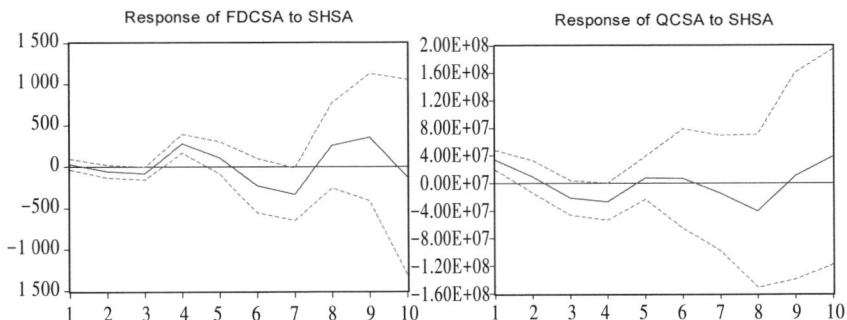

图6-3　石油行业的风险传递到房地产行业（左图）和汽车行业（右图）

Response of FDCSA to HGSA

Response of QCSA to HGSA

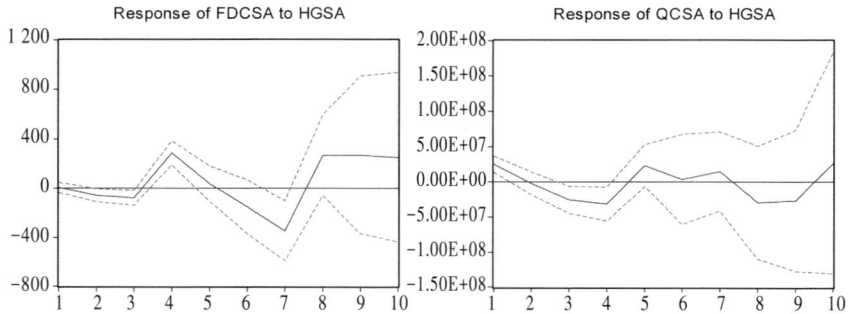

图6-4　化工行业的风险传递到房地产行业（左图）和汽车行业（右图）

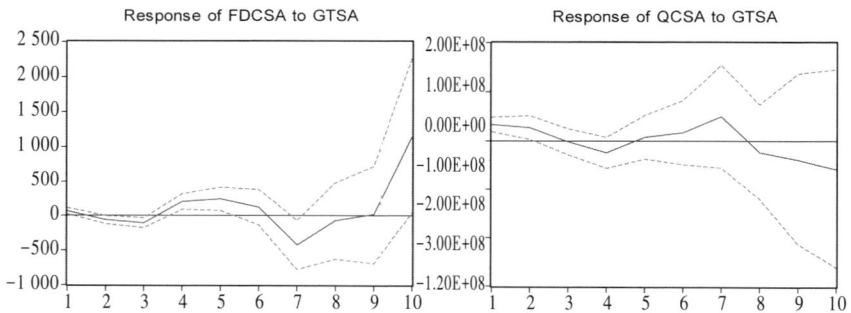

Response of FDCSA to GTSA

Response of QCSA to GTSA

图6-5　钢铁行业的风险传递到房地产行业（左图）和汽车行业（右图）

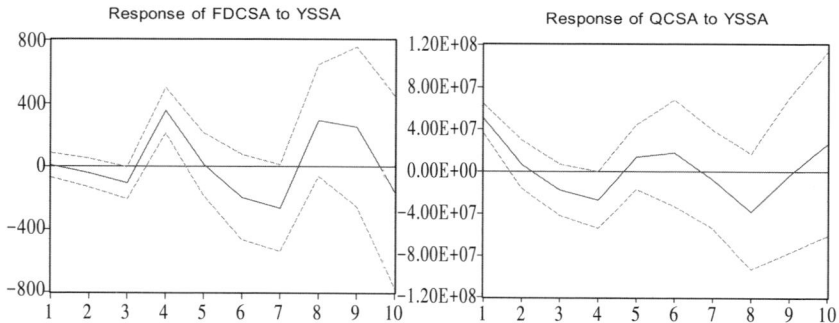

Response of FDCSA to YSSA

Response of QCSA to YSSA

图6-6　有色金属行业的风险传递到房地产行业（左图）和汽车行业（右图）

当石油行业规模缩小1单位时，横轴以下的部分表示不会给房地产行业带来风险，横轴以上的部分表示房地产行业的风险在增加，虚线之间的区域表示不确定性的变化范围在扩大。图6-3的左图表明，石油行业的风险在4个季度后可传递到房地产业，但1.5个季度后这

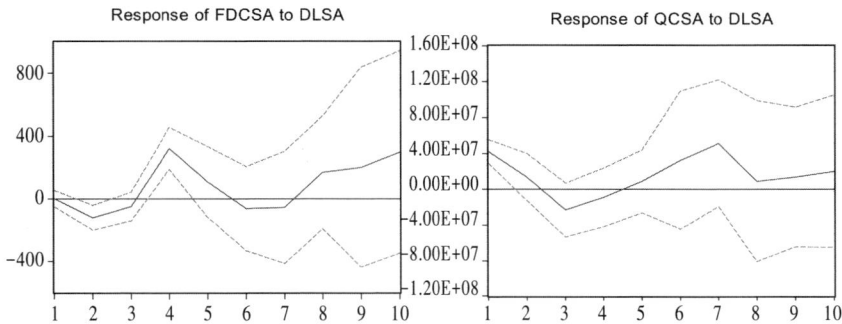

图6-7 电力行业的风险传递到房地产行业（左图）和汽车行业（右图）

种风险消失，这可能是房地产行业自身的调整，也可能是受石油行业
影响的房地产上游行业的状况得到改善，出现了成本下降，或者是短
期内国家政策的调整，有利于房地产行业的发展。在第8个季度后，
风险又再次出现，这可能是因为房地产业的调整有限，或者上游行业
的部分企业的情况进一步恶化，导致整个上游行业整体情况的恶化，
或者是有利政策的正面影响消失，使得房地产行业的风险增加。

石油行业的风险一出现就传导到了汽车行业，但与房地产行业相
比，其面临的不确定性要小得多。在图中体现为在5.5个季度后，房
地产业的扩张明显大于汽车行业的扩张，在大约8个季度后，房地产
行业再度收缩时，其幅度也大于汽车行业。

从表6-3中可以看出，其他四个行业的动态风险传导与石油行业
的情况相似，风险传导存在一定的时滞。

表6-3　　　　　　相关行业风险传递到其他行业的时滞　　　　单位：季度

行业	石油	化工	钢铁	有色金属	电力
房地产行业	3.5	3.5	3.5	3.5	3.5
汽车行业	0	0	0	0	0

6.5.3　行业风险到宏观风险的传导

图6-8中从左到右、从上到下分别为石油、化工、钢铁、有色金
属、电力的行业风险到宏观风险的传导。

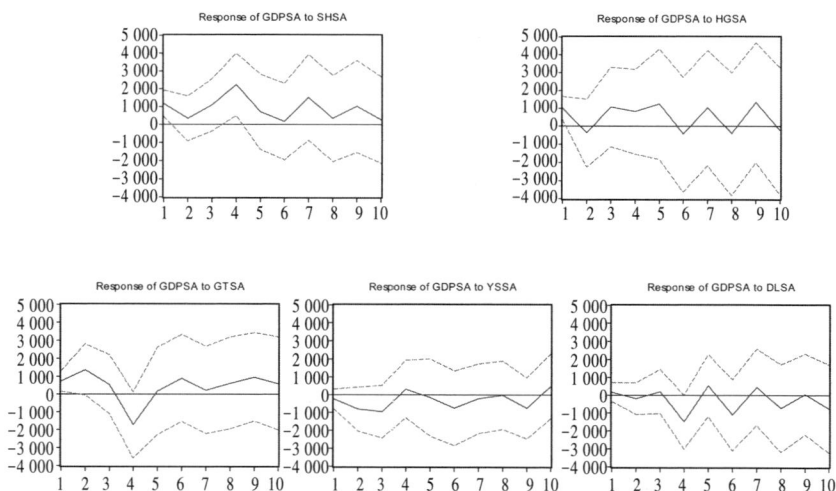

图6-8 行业风险到宏观风险的传导

图6-8中的宏观风险是用GDP的变动来衡量的。我们选用GDP来度量，是因为GDP和其他宏观经济变量，如财政收入、失业以及通货膨胀等有很密切的联系。在宏观税负不变的情况下，GDP的减少意味着税收收入的减少。税收在财政收入中占很大一部分，因此，税收收入的减少会使政府的财政收入减少，这就会产生财政风险。根据奥肯定律，GDP的减少会引起失业的增加，从而产生失业风险。从菲利普斯曲线来看，GDP的减少会引起通货膨胀率的增加。

图6-8中横轴以上的部分表示在转变经济发展方式过程中，GDP风险与行业风险正相关，即某行业风险会使GDP减少，而横轴以下的部分，表示GDP风险与行业风险负相关，某行业风险不会引起GDP减少。

7　转变经济发展方式过程中的
风险控制系统

　　当宏观经济系统中存在一定的风险时，政府需要从机制角度加以研究，形成系统模式加以控制，这就需要考虑宏观经济系统中风险传递的路径、现有的政府宏观调控的手段和方式。本部分主要从两个方面着手：一方面是对现有的风险控制系统进行归纳总结；另一方面是根据本书对于风险传递路径的研究结论，构造基于风险控制的系统。

7.1　目前正在运用的风险控制模式

　　转变经济发展方式是在政府一系列政策工具作用下的一个有目的的过程。在这一过程中，政府实际上把宏观经济运行系统看作一个黑匣子（如图7-1所示），政府在匣子的一端输入政策变量，而在另一端得到运行结果。虽然从政府向黑匣子输入政策变量到得到宏观经济运行结果之间具有不确定性，政府无法判断运行的实际结果，但政府其实有一个预定的宏观经济运行目标值，那就是速度、结构、质量、效益相统一的理想经济发展方式。政府根据输出的政策变量组合（包括政策变量的选择及各变量的取值）与运行结果的变化值，来决定下一次的政策变量组合，即根据反馈结果来调节政策变量，这样就形成一个动态反馈的调节系统。

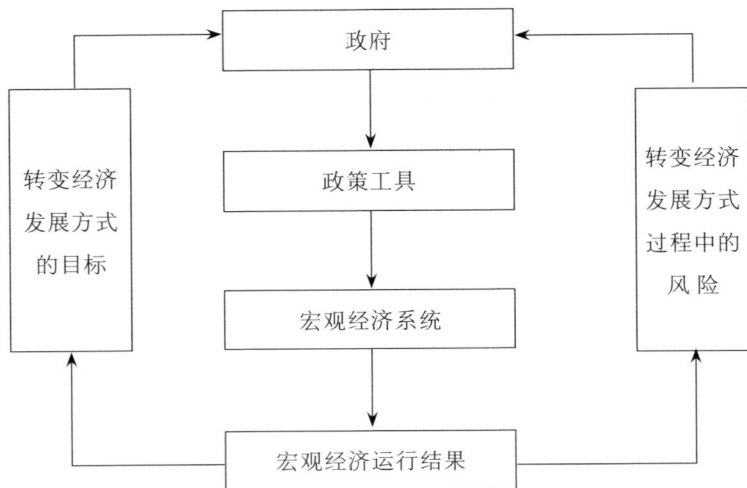

图7-1　黑匣子式的宏观经济风险控制系统

现行的政府转变经济发展方式的这种宏观经济风险控制系统，实际上是反过来进行的：当转变经济发展方式的政策组合所影响的宏观经济目标超出了政府的期望值，政府就可以改变政策种类、政策组合和政策力度，以使转变经济发展方式的宏观经济风险控制在社会可承受的范围内。因此，政府在实施促进转变经济发展方式的政策时，必然首先选择一些易于实行的政策，使之影响包括关键产业和问题突出地区的整个国民经济黑匣子，然后观察宏观经济的运行结果；当这些政策有效，而宏观经济的运行状况又在可接受的范围内，政府将在下一个时期加大原有政策的力度或者推出新的政策，再来观察这些政策对于推进经济发展方式转变的效果以及宏观经济的运行状况；如果宏观经济运行状况仍在可接受的范围内，则进一步加大转变经济发展方式的政策力度；如果由宏观经济目标衡量的宏观经济运行状况超出了可承受的范围，则减轻政策力度，以稳定宏观经济的运行，使宏观经济目标保持在可接受的范围之内。因此，对于政府来说，虽然在转变经济发展方式的过程中会产生宏观经济风险，但由于这种风险实际上是直接由政府促进转变经济发展方式的政策引起的，而这些政策工具又由政府完全控制，因而政府可以通过选择政策的组合和力度来控制转变经济发展方式过程中的宏观经济风险。因此，这种控制机制是一种根据输出值的反馈来调节输入值的风险控制机制。

虽然现实中的宏观经济目标并不是单一的，而是一个目标体系，但是由于：（1）这些目标之间存在一定的关系，例如失业率与经济增长率、失业率与通货膨胀率之间在某种程度上存在着奥肯定律和菲利普斯曲线所反映的关系；（2）政府会根据一定时期宏观经济中急需处理的主要问题而在这些目标之间有所侧重，因此尽管宏观经济运行具有多目标的特征，政府仍然能够依据目标之间的联系和宏观经济的主要矛盾而进行政策选择。从大连"十二五"发展规划看，经济增长率目标年均不低于13%；2015年城镇登记失业率小于3%；外贸自营进出口总额年均增长16%左右；全社会固定资产投资年均增长15%左右。因此，在多个宏观经济目标（即目标体系）的条件下，政府仍有相当的空间进行政策选择；即使因为多重目标下的政策选择空间不大，政府也可以通过目标之间的权衡取舍来选择政策。

对于不属于宏观经济目标但又会影响宏观经济目标实现的重要方面——财政收支状况和金融市场风险，政府也同样有一个心理预期值，当财政收支状况严重恶化、金融市场风险快速提高，超过了政府认为的社会承受值时，以社会稳定为更高目标的政府就必然会放缓转变经济发展方式的进程。其风险控制系统与上述完全相同。

这种风险控制系统存在的问题是：（1）政策制定有一个时滞，即从政策制定到最终影响各经济变量，进而影响企业的生产经营和投资活动，达到改变经济发展方式的目标所经历的时间，也就是转变经济发展方式的相关政策在传导过程中所需要的时间。这一时滞包括内部时滞和外部时滞：内部时滞是指政府认识时滞（搜集信息）和行动时滞（制定并执行政策），而外部时滞是指企业微观决策的时滞和改变生产经营活动的时滞。如果政府根据政策实施后的效果来决定下一时期的政策，本身就会造成宏观经济风险。（2）它有可能导致转换经济发展方式有关政策的"时间不一致性（Time Inconsistency）"，即政府在t时按最优化原则制定一项t+n时执行的政策，但这项政策在t+n时已非最优选择，从而影响政策的可信性，使此后政府转变经济发展方式的其他政策难以推行。（3）由于政府在制定政策之前缺乏必要的风险分析，因而所制定的政策很难兼顾到不同地区和不同产业的差异，而大连的地区差距、产业差距和个人收入差距都很大，因而一项缺乏风险评估的宏观经济政策往往带来难以解决的问题。这些情况都说明，在转变经济发展方式过程中，运用黑匣子式的宏观经济风险控制系统，可能会产生许多意料不到的风险。

7.2 基于风险分析的风险控制模式

由于黑匣子式的宏观经济风险控制系统存在问题，因而我们设计了一种新的基于风险分析的宏观经济风险控制系统。该风险控制系统可以用图7-2表示，它的主要特点是：

（1）它重视政策选择前的宏观经济风险评估。政府在选择有关转变经济发展方式的政策种类、政策组合和政策力度时，首先必须对受政策影响的主要产业以及作为产业空间存在形式的地区，进行认真的风险识别、风险分类和风险评估；将政策所产生的风险与这些产业和地区可以承受的风险水平进行比较，然后调整拟选择的政策；再根据调整后的拟选择的政策种类、政策组合和政策力度，对主要产业和主要地区的宏观经济风险进行分析；这一过程可能会循环多次，才会形成经过严格风险评估的政策种类、政策组合和政策力度；最后运用经过认真风险评估后的政策，来影响宏观经济中的各个产业和各个地区。

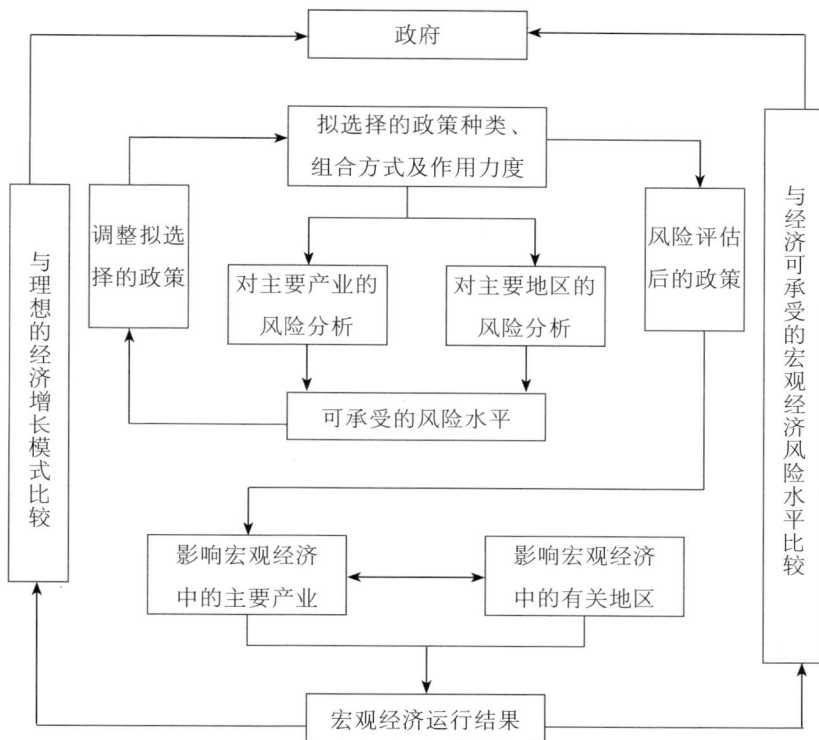

图7-2　基于风险分析的宏观经济风险控制系统

（2）宏观经济黑匣子的打开使政策的作用更精准。该模式打开了宏观经济的黑匣子，了解了在转变经济发展方式过程中各个产业部门之间的关系，特别是主要产业部门之间以及主要产业部门与其他产业部门的关系；了解了不同地区之间的关系，以及同一地区内部不同区域之间的关系；了解了由于产业存在于地区而地区依赖着产业所导致的地区与产业之间的相互作用。由于了解黑匣子的内部构造和联系机制，政府就可以根据经济中主要部门和主要地区的实际情况来分别制定转变经济发展方式的一系列政策措施，从而进行精准的控制和调节，避免了"一人得病，大家吃药"的情况。在打开黑匣子后，政府可以分析转变经济发展方式的政策对短期内的宏观经济波动和长期中的经济发展的影响、对宏观经济中主要行业失业率的影响从而得出对各地区和整个宏观经济中失业率的影响；分析由转变经济发展方式而对某些重要产品（例如能源和原材料等）价格的影响，进而对价格水平可能产生的影响；分析由于转变经济发展方式而对进出口贸易、直接投资所产生的影响；除了分析转变经济发展方式对宏观经济目标可能产生的不确定性之外，还要分析由于转变经济发展方式而对政府财政所产生的影响；分析由于转变经济发展方式而对上市公司和非上市企业所产生的影响，即金融市场风险。

（3）这一风险控制系统具有多级反馈功能。该模式打开了宏观经济的黑匣子，对经济中的产业风险和地区风险分别进行了识别和评估，然后综合两种风险的交互影响，与可承受的风险进行对比，修正自己的政策组合和实施力度，再次对政策的风险进行评估，直到风险在可承受的范围内。通过一种风险的细化和可能影响的模拟，建立了一种宏观风险的反馈式评估系统。

这一模式最大的好处是，由于首先进行风险识别、风险分类、风险评估和风险排序，在此基础上才选择政策组合、政策力度以及政策出台的时机，这实际是在事前控制了风险，从而可以避免由于政策的时滞而延误控制风险的最佳时机，避免出现政策的结果开始在现实中显现出来的时候，宏观经济风险可能已处于不可控的状态。

附表

附表 1　　2007 年大连产业及主要行业门类相关数据表　　单位：万元

行业	门类	固定资产投资	中间投入	总产值	利税总额
装备制造业	金属制品业	418 059	1 213 788	1 701 474	277 144
	通用设备制造业	1 308 383	5 123 540	6 891 844	830 092
	专用设备制造业	358 246	1 569 378	2 921 017	1 005 022
	汽车制造业	487 009	873 142	1 427 825	340 508
	铁路、船舶、航空航天和其他运输设备制造业	516 724	565 423	775 409	98 290
	电气机械和器材制造业	226 303	1 097 596	1 617 221	250 747
农产品加工业	农副食品加工业	473 251	2 777 485	4 127 411	813 960
	医药制造业	32 888	399 963	740 668	175 517

续表

行业	门类	固定资产投资	中间投入	总产值	利税总额
农产品加工业	食品制造业	129 304	174 009	247 496	46 033
	酒、饮料和精制茶制造业	65 301	386 849	739 659	281 751
	纺织服装、服饰业	217 454	2 055 852	2 802 052	59 296
	皮革、毛皮、羽毛及其制品和制鞋业	4 880	146 139	235 991	41 963
	木材加工和木、竹、藤、棕、草制品业	127 307	463 490	702 408	142 740
	家具制造业	207 555	393 407	733 939	185 573
	造纸和纸制品业	35 356	317 209	445 662	56 456
	印刷和记录媒介复制业	37 808	121 887	172 000	7 397
	文教、工美、体育和娱乐用品制造业	14 420	70 995	98 160	7 382
电子信息业	计算机、通信和其他电子设备制造业	312 009	2 386 639	3 257 135	337 174
	仪器仪表制造业	53 945	197 373	292 191	39 034
石化工业	石油加工、炼焦和核燃料加工业	767 676	4 957 462	5 118 873	7 260
	化学原料和化学制品制造业	810 029	1 282 566	1 674 726	166 480
	化学纤维制造业	2 000	55 141	65 288	4 058
	橡胶和塑料制品业	207 304	551 731	870 398	154 752
传统服务业	批发和零售业	248 530	583 434	2 486 051	1 075 855
	航空运输业	84 886	265 506	350 918	17 277
	装卸搬运和运输代理业	25 527	349 209	721 506	121 167
	餐饮业	66 152	590 880	1 165 444	242 216

续表

行业	门类	固定资产投资	中间投入	总产值	利税总额
现代服务业	软件和信息技术服务业	225 431	542 988	1 481 063	403 200
	金融业	140 192	788 064	2 132 686	531 834
	房地产业	187 956	1 038 506	2 428 211	708 269
	租赁和商务服务业	433 222	875 519	221 835	433 222
	科学研究、技术服务业	118 209	184 611	435 766	83 216
	文化体育和娱乐业	107 003	332 970	676 729	66 712
第一产业		690 611	1 860 847	4 353 779	765 993
第二产业		7 961 878	37 702 774	53 059 583	7 113 665
第三产业		10 655 095	11 485 066	24 942 119	4 977 891

附表2　　　　2012年大连主要行业门类相关数据表　　　单位：万元

行业	门类	固定资产投资	中间投入	总产值	利税总额
装备制造业	金属制品业	518 613	2 725 233	3 781 990	334 075
	通用设备制造业	2 919 066	12 030 967	17 524 858	2 739 099
	专用设备制造业	1 300 415	4 041 896	6 054 720	1 284 994
	汽车制造业	927 256	2 658 517	4 015 076	971 950
	铁路、船舶、航空航天和其他运输设备制造业	1 126 005	1 439 703	1 700 220	59 217
	电气机械和器材制造业	812 198	3 323 719	5 051 977	1 017 940
农产品加工业	农副食品加工业	1 010 123	9 237 842	12 820 464	1 683 598
	医药制造业	261 867	887 010	1 334 870	191 194
	食品制造业	476 167	1 412 501	1 924 281	143 630
	酒、饮料和精制茶制造业	115 558	565 655	929 776	218 703

续表

行业	门类	固定资产投资	中间投入	总产值	利税总额
农产品加工业	纺织服装、服饰业	323 012	3 099 854	4 936 896	811 474
	皮革、毛皮、羽毛及其制品和制鞋业	16 730	226 539	270 298	2 101
	木材加工和木、竹、藤、棕、草制品业	122 472	1 011 222	1 277 656	108 537
	家具制造业	212 645	1 057 387	1 516 303	142 720
	造纸和纸制品业	142 150	935 416	1 131 949	116 725
	印刷和记录媒介复制业	52 790	181 319	281 352	16 929
	文教、工美、体育和娱乐用品制造业	26 380	169 857	308 750	11 571
电子信息业	计算机、通信和其他电子设备制造业	363 067	4 503 848	5 590 506	198 812
	仪器仪表制造业	159 049	448 775	563 216	18 720
石化工业	石油加工、炼焦和核燃料加工业	44 200	18 527 925	22 710 078	2 964 398
	化学原料和化学制品制造业	1 337 633	1 383 256	2 090 308	533 855
	化学纤维制造业	46 115	175 579	261 586	7 629
	橡胶和塑料制品业	545 885	1 619 974	2 404 064	154 681
传统服务业	批发和零售业	1 583 818	4 302 205	10 605 249	3 974 578
	航空运输业	151 234	725 163	976 110	148 729
	装卸搬运和运输代理业	49 020	2 862 743	3 329 367	66 356
	餐饮业	210 592	351 237	643 373	105 615
现代服务业	软件和信息技术服务业	548 224	2 149 379	4 317 266	323 737
	金融业	32 750	1 496 310	4 924 426	2 349 438
	房地产业	1 082 631	1 009 034	3 512 352	438 942
	租赁和商务服务业	1 403 471	1 765 124	3 381 009	1 138 461
	科学研究、技术服务业	643 741	1 370 539	2 229 924	175 771
	文化体育和娱乐业	676 898	151 324	276 091	28 356
第一产业		2 042 271	3 722 249	8 235 943	1 343 984
第二产业		18 440 980	104 709 953	141 057 997	17 144 783
第三产业		35 760 714	28 869 254	58 035 850	3 521 492

参 考 文 献

[1]　安同良. 中国企业的技术选择 [J]. 经济研究，2003（7）.

[2]　白永秀，任保平. 经济转型过程中的系统性风险及防范 [J]. 经济纵横，
　　　2007（10）.

[3]　陈红儿，陈刚. 区域产业竞争力评价模型与案例分析 [J]. 中国软科学，
　　　2002（1）.

[4]　陈其林. 结构变动与经济运行的双约束型特征：对现行经济发展方式及
　　　其转变问题的思考 [J]. 南开经济研究，2005（5）.

[5]　程大中. 中国服务业增长的特点、原因及影响 [J]. 中国社会科学，
　　　2004（2）.

[6]　戴伯勋，沈宏达. 现代产业经济学 [M]. 北京：经济管理出版社，
　　　2001.

[7]　方福前. 关于转变经济发展方式的三个问题 [J]. 经济理论与经济管理，
　　　2007（11）.

[8]　高峰. 我国转变经济发展方式的紧迫性质和二元路径 [J]. 南开经济研
　　　究，2005（5）.

[9]　管卫华，林振山，顾朝林. 中国区域经济发展差异及其原因的多尺度分
　　　析 [J]. 经济研究，2006（7）.

[10]　郭克莎，王延中．中国产业结构变动趋势及政策研究 [M]．北京：经济管理出版社，1999.

[11]　郭万清．中国地区比较优势分析 [M]．北京：中国计划出版社，1992.

[12]　关爱萍，王瑜．区域主导产业的选择基准研究 [J]．统计研究，2002（12）.

[13]　胡乃武，张海峰．转变经济发展方式与增加就业的关系 [J]．经济理论与经济管理，2001（3）.

[14]　江世银．区域产业结构调整与主导产业选择研究 [M]．上海：上海人民出版社，2004.

[15]　江小涓．中国外资经济对增长、结构升级和竞争力的贡献 [J]．中国社会科学，2002（6）.

[16]　金碚．科学发展观与经济发展方式转变 [J]．中国工业经济，2006（5）.

[17]　金碚．资源与环境约束下的中国工业发展 [J]．中国工业经济，2005（4）.

[18]　林毅夫，任若恩．东亚经济发展模式相关争论的再探讨 [J]．经济研究，2007（8）.

[19]　刘世锦．增长模式转型压力与战略选择 [J]．经济学动态，2005（9）.

[20]　刘伟．经济发展和改革的历史性变化与增长方式的根本转变 [J]．经济研究，2006（1）.

[21]　刘伟，蔡志洲．技术进步、结构变动与改善国民经济中间消耗 [J]．经济研究，2008（4）.

[22]　刘伟，李绍荣．所有制变化与经济发展和要素效率提升 [J]．经济研究，2001（1）.

[23]　刘小玄．中国工业企业的所有制结构对效率差异的影响 [J]．经济研究，2000（2）.

[24]　罗必良．国有企业如何转变经济发展方式 [J]．经济理论与经济管理，1997（2）.

[25]　苗长虹．区域发展理论：回顾与展望 [J]．地理科学进展，1999（18）.

[26]　沈坤荣．经济发展阶段与增长方式转变 [J]．数量经济技术经济研究，1999（9）.

[27]　吴敬琏．怎样才能实现经济发展方式的转变 [J]．经济研究，1995（1）.

[28]　吴祥云，等．转变经济发展方式必须加大技术改造力度 [J]．投资研究，1997（2）.

[29] 夏杰长. 国有资本优化配置与经济发展方式转变及其财政政策选择 [J]. 财贸经济，2000（7）.

[30] 谢建国. 市场竞争、东道国引资政策与跨国公司的技术转移 [J]. 经济研究，2007（6）.

[31] 张卓元. 深化改革推进粗放型经济发展方式转变 [J]. 经济研究，2005（11）.

[32] 王稼琼，绳丽惠，陈鹏飞：区域创新体系的功能与特征分析 [J]. 中国软科学，1999（2）.

[33] 卫兴华，侯为民. 中国经济发展方式的选择与转换途径 [J]. 经济研究，2007（7）.

[34] 徐现祥. 我国经济发展方式转变的实证分析 [J]. 上海经济研究，2000（3）.

[35] 杨竹莘. 区域经济差异理论的发展与演变评析 [J]. 工业技术经济，2009（8）.

[36] 姚洋，章奇. 中国工业企业技术效率分析 [J]. 经济研究，2001（10）.

[37] 郁义鸿. 多元产业结构转变与经济发展——种理论框架 [M]. 上海：复旦大学出版社，2000.

[38] 张平，赵志君. 中国经济发展路径、大国效应与模式转变 [J]. 财贸经济，2007（1）.

[39] 张小蒂，李风华. 技术创新、政府干预与竞争优势 [J]. 世界经济，2001（7）.

[40] 张耀辉. 技术创新不确定性的系统分析 [J]. 数量经济技术经济研究，2000（12）.

[41] 郑玉歆. 全要素生产率的测度及经济发展方式的"阶段性"规律 [J]. 经济研究，1999（5）.

[42] 中国经济发展与宏观稳定课题组. 干中学、低成本竞争和增长路径转变 [J]. 经济研究，2006（4）.

[43] 周黎安，罗凯. 企业规模与创新：来自中国省级水平的经验证据 [J]. 经济学（季刊），2005（2）.

[44] 周叔莲，等. 中国地区产业政策研究 [M]. 北京：中国经济出版社，1990.

[45] Chenery H. Structure Change and Development Policy [M]. Oxford: Oxford University Press，1979.

[46] Fei J，Rains G. Innovation，capital accumulation，and economic

development [J]. American Economic Review. 1963, 53: 282-313.

[47] Kuznets S.Quantitative Aspects of the Economic Growth of Nations: XLevel and Structure of Foreign Trade: Long - Term Trends [J]. Economic Development and Cultural Change, 1967, 15: 134-153.

[48] Arrow Kenneth J. The Economic Implications of Learning by Doing [J]. Review of Economic Studies , 1962 , 29 , 1155 -1731.

[49] Barro Robert J. Economic growth in a cross section of countries [J]. Quarterly Journal of Economics, 1991, 106 (2): 407-443.

[50] Barro R, Sala - i - Martin X. Economic Growth [M]. New York: McGraw-Hill, Inc., 1995.

[51] Close Darwin B. An organization behavior approach to risk management [J]. The Journal of Risk and Insurance, 1974, 41 (3): 435-450.

[52] Du Liangsheng, Li Bingxiang, The basic orientation and goals of china's monetary policy during the period of economic transition [J]. Social Sciences in China, 1998, 3: 42-51.

[53] Fei J, Rains G. Innovation, capital accumulation, and economic development [J]. American Economic Review. 1963, 53: 282-313.

[54] Patterson Fiona D. Managing the Risks within Automotive Manufacturing [J]. Risk Management, 1999, 1 (3): 7-23.

[55] Ben - David I, Raz T. An integrated approach for risk response development in project planning [J]. The Journal of the Operational Research Society, 2001, 52 (1): 14-25.

[56] Baird I S, Thomas H. Toward a Contingency Model of Strategic Risk Taking [J]. The Academy of Management Review, 1985, 10 (2): 230-243.

[57] Collins James M, Ruefli Timothy W. Strategic Risk: An Ordinal Approach [J]. Management Science, 1992, 38 (12.), 1707-1731.

[58] Schmit Joan T, Roth Kendall. Cost Effectiveness of Risk Management Practices [J]. The Journal of Risk and Insurance, 1990, 57 (3): 455-470.

[59] Lucas Robert E Jr., On the mechanics of economic development [J].
      Journal of Monetary Economics, 1988, 22 (1): 3-42.

[60] Mankiw N Gregory, Romer David, N Weil David. A contribution to
      the empirics of economic growth [J]. Quarterly Journal of
      Economics, 1992, 107 (2): 407-437.

[61] McCrae Michael, Balthazor Lee. Integrating Risk Management into
      Corporate Governance: The Turnbull Guidance [J]. Risk
      Management, 2000, 2 (3): 35-45.

[62] Romer Paul M. Increasing returns and long-run growth [J]. Journal
      of Political Economy, 1986, 94 (5): 1002-1037.

[63] Romer Paul M. Endogenous technological change [J]. Journal of
      Political Economy, 1990, 98 (5): S71-S102.

[64] Samuelson Paul A. An exact consumption-loan model of interest with
      or without the social contrivance of money [J]. Journal of Political
      Economy, 1958, 66 (6): 467-482.

[65] Solow Robert M. A contribution to the theory of economic growth [J].
      Quarterly Journal of Economics, 1956.

[66] Solow Robert M. Technical change and the aggregate production
      function [J]. Review of Economics and Statistics, 1957, 39: 312-
      320.

[67] Solow Robert M. Growth Theory: An Exposition [M]. Oxford:
      Oxford University Press, 1970.

[68] Swan Trevor W. Economic growth and capital accumulation [J].
      Economic Record, 1956, 32: 334-361.